# 억새의 노래

국립중앙도서관 출판시도서목록(CIP)

억새의 노래 : 박종국 제7수필집 / 지은이: 박종국. -- 대전 :
오늘의문학사, 2013

p. ; cm

ISBN 978-89-5669-557-0 03810 : ₩12000

한국 현대 수필[韓國現代隨筆]

814.7-KDC5

895.745-DDC21 CIP2013006329

# 억새의 노래

**박종국** 제7수필집

오늘의문학사

## ❥ 작가의 말

억새는 열악한 환경에서 봄부터 세찬 바람과 따가운 햇볕에 시도 때도 없이 넘어질듯 일어서고 목 말라하는 시달림에 담금질하면서 강해졌다.

가을이면 그 지겹던 바람도 짜증스럽던 햇볕도 모두 끌어안고 하나가 되어 바람과 화해의 몸짓에 햇볕의 조명을 받으며 은빛 물결을 이뤘다.

억새가 바람과 햇볕과 어우렁더우렁 삼위일체 한마당 축제로 「억새의 노래」를 부르고 「가을의 춤판」을 벌리면 난 아낌없는 박수를 보냈다.

현장답사라도 하듯이 산으로 또 섬으로 억새를 찾아 부지런히 발품을 팔았다. 보면 볼수록 부드러우면서도 강한 모습 속으로 푹 빠져들었다.

2013년 봄, 꽃비가 내리고 꽃눈이 휘날리던 날

버드내 초록마을 외송문방에서 박 종 국

## 제1부

## 제2부

## 제3부

## 제4부



## 마무리

# 1

# 천관산

척박한 산상에 모여 사는 것도 죄더냐
우리는 눈을 속이는 사교집단도
은둔한 범죄집단도 아니다
약물 없이도 일사불란한 군무에
몸 부비며 으악으악 노래하고
스스로 삶을 즐길 뿐인
어떤 명분으로도 고문하지 마라
비록 관절이 부러질망정
까닭 없이 허리 굽혀 애걸하지 않는다.
— 천관산 억새

억새는 비옥한 물가보다는 산자락 척박한 토질을 좋아한다. 몹시 시달린 듯 억센 모습이지만 꽃필 무렵이면 청순함에 풋풋함이 묻어나기도 한다. 모진 바람과 산상에서 자라는 억새는 사람들을 산으로 찾아가게 한다.

「으악새」라는 이름을 얻을 만큼 바람에 울부짖는 소리가 뼈를 갉아내지만 결코 굴하지 않고 부러지면 부러졌지 굽히지 않는다고 할 만큼 자신을 지켜내는 강인한 의지는 약삭빠른 인간을 따끔하게 하는 데가 있다.

남도 장흥의 천관산이다. 뿌리의 근성이 무척이나 억척스러운 억새는 대부분 집단을 이루고 살아간다. 억새의 물결은 가히 일품으로 바닷물이 들락날락거리는 것 같기도 하고 산상음악회에 군중대회를 하는 것도 같다.

뿐만 아니라, 끊임없이 털이개를 들고 청소를 하는 것도 같다. 또 못내 그리운 이를 향한 아쉬움의 손짓을 내젓지 싶기도 하다. 작은 바람결에도 서로 부딪치며 바스락바스락 속삭임은 괜스레 궁금증이 묻어나기도 한다.

이처럼 훤칠한 모습의 억새밭은 마치 축제장을 연상하게 눈이 부시다. 가을은 억새를 마음껏 출렁이게 하고 억새는 마음 놓고 가을을 깊어가게 한다. 그래서 가을과 억새가 동반자가 되어 잘 어울리는 모습은 보기 좋다.

절로 탄성을 자아내며 억새숲을 사뿐사뿐 내딛는다. 햇살에 비단결 같은 억새가 은빛을 내뿜는다. 살랑거리는 바람을 타고 억새가 고개를 숙였다 일으켰다 군무를 춘다. 나도 덩달아 어깨가 출렁출렁 흔들리는 것 같다.

천관산은 능선에 바위가 마치 갓을 쓴 형상을 하고 있는 호남5대 명산 중 하나다. 가을이면 억새밭과 기암괴석이 어울려 장관을 이루고 있다. 역시 혼자보다는 함께 만들어내는 하모니가 더 감명 깊게 다가서는 것이다.

여기에 저 멀리 다도해까지 내다보이니 그 얼마나 환상적인가. 시야를 넓혀 수많은 노스탈지어의 손짓은 보는 이로 하여금 뭉클하도록 심금을 적시기에 손색이 없다. 말 그대로 한 폭 그림일 수밖에 없는 것이다.

억새의 군무는 천상의 춤꾼으로 여길 만큼 가을의 정취가 물씬 묻어난다. 비록 단풍만큼 화려하지는 못하더라도 청동빛 하늘에 산야를 하얗게 뒤덮은 소박한 억새바다의 물결은 가히 마음을 뒤흔들기에 부족함이 없다.

삶에 지쳐 싫증난 사람아! 억새도 서로 몸을 부비는 안무를 추며 세상을 노래하듯 하면 외롭기보다는 아름답게 보인다. 외로운 이여! 외롭다고만 여기지 말고 마음을 열어 함께 하면 세상이 즐겁게 다가서리라 믿는다.

지금 억새가 여기저기 산상에서 출렁거리고 흔들어 가을을 재촉하고 있다. 단풍만이 가을이 아니다. 가을은 가을을 느끼기도 전에 서둘러 떠날 준비를 하고 있을 것이다. 우리도 더불어 억새의 군무처럼 춤을 추는 거다.

혼자는 겨워 혼자는 못해도 어우렁더우렁 함께는 거뜬하게 해낼 수 있다. 이 세상 혼자의 것이 아닌 우리 모두의 것이라면 명분만 내세울 것이 아니므로 못 할 것도 없다. 외로움도 함께 하면 더는 외로움이 아니다.

하늘이 푸르른 날은 억새도 더 몸매를 가지런히 추스르며 신명나나 보다. 햇살 맑게 쏟아지는 날은 억새도 더 밝은 얼굴을 하나 보다.

바람이 산들대는 날은 음악에 빠져들 듯 온몸 근질거려 춤을 추고 싶은가 보다.

환희대의 바위들이 환호성을 지른다. 능선을 타고 내려간다. 기기묘묘한 봉우리들이 발길을 잡는다. 억새에 대한 미련인가 자꾸 뒤를 돌아본다. 바위의 매력에 푹 빠져 올려다본다. 바람이 서두르자고 은근슬쩍 밀친다.

아직 추석이 며칠 남았지만 가을을 즐기기에 손색없는 날이었다. 마음은 수시로 씻어도 틈만 나면 잡스러움이 끼어들어 흐리게 하였다. 비우고 비워도 욕심은 끝을 몰라 보채듯 앞뒤 가리지 않고 자꾸 채우려고만 하였다. 〈2012. 09. 25〉

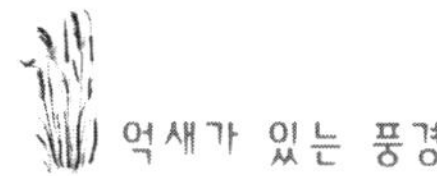


# 신불산

바람모지에서 일생을 함께한 억새는
바람이 원망스럽기도 했지만
건장한 몸을 만들었다
미워만 하기보다 동반자로
긍정의 힘으로 끌안고
바람 먹고 살았다 해도 좋을
겉보기 뺏뺏한 몸뚱이
바람과 함께 하면 유연한 춤사위에
금세 빠져드는 황홀경.

— 신불산 억새

삶에 지쳤을 때 산에 올라 한 번쯤 억새를 보는 것도 괜찮지 싶다. 누가 앞장서 손짓 발짓 지휘하는 이 없어도 저리 일사불란한 몸짓에 정말 폼 나게 뽐내는 모습은 보는 이로 하여금 가슴 뭉클하게 하지 않는가?

보잘것없는 초목으로 시선에서 벗어났다가도 한 번쯤은 눈에 들어올 때가 있다. 언 땅이 풀린 봄날 신록이 그렇고 활짝 피어난 꽃이 그렇고 가을날 단풍이 그렇듯 혼신에 온몸으로 자신을 드러내는 억새 또한 그렇다.

영남알프스의 한 축인 신불산을 간다. 비록 봉우리 하나 제대로 못 넘어도 괴로움이나 그리움을 삭이며 지내면 좋으리. 굽이굽이 산줄기 따라 물결치며 자유분방한 모습에 바람과 벗 삼아 징징거려도 초연해지는 거다.

억새라고 하면 그냥 다 같겠지 싶어도 자란 환경에 따라서 다를 수밖에 없다. 물론 종자가 다를 수도 있다. 그러나 큰 틀에서 보면 또 그 모습이 그 모습 같기도 하다. 가을에는 역시 억새가 제격으로 어울리지 싶다.

천 미터를 넘나드는 고산에 두루뭉술한 산상이라 바람이 세차서 그런지 억새의 키도 다른 곳에 비해 작달막하다. 키 낮추고 몸통에 힘을 주어 작아도 당차게 짱짱하다. 적응하며 살아남는 법을 나름 터득한 것이다.

산자락이 완전히 억세 세상으로 구릉을 이룬다. 여름에는 초원으로 무성한 풀이 출렁거렸을 것이다. 억새가 하루 다르게 꽃은 꽃대로 활짝 피어 휘날리고 대궁은 대궁대로 점점 붉은 빛으로 물들어가면서 뽐내고 있다.

온통 억새 물결로 출렁이는데 소나무 한 그루가 이색적인 풍경을 연출한다. 아득한 사막에 오아시스가 오버랩 되는 것은 왜일까. 그만큼 같은 공간을 과감히 벗어날 수 있는 파격적인 모습으로 비쳐졌기 때문이다.

단순하게 일사불란한 모습도 좋지만 자연스러우면서도 새로운 볼거리가 확 들어와 각인되는 것이다. 옥에 티인 듯싶지만 그 우아함에 압도되는 분위기를 만들어내는 것이다. 은연중 변화를 바라는 것인지도 모른다.

억새들의 잔치에 무언의 초대를 받아 함께 즐기고 있는 것이다. 바람이 밀려오며 다시 한바탕 춤판이 벌어진다. 헤아릴 수 없이 많은 저들이 하나가 되는 모습은 그냥 감동일 수밖에 없다. 은빛 출렁거림은 함성이다.

울산의 언양에서 굽이굽이 도로를 타고 배내고개에서 시작된 산행은 배내봉을 거쳐 간월산 신불산 영취산까지 다다른다. 곳곳에 군락지가 있지만 아무래도 신불재에서 영취산에 오르는 길목의 억새가 으뜸이지 싶다.

서당개 삼년이면 풍월을 읊는다는 말이 뜬금없이 스쳐간다. 신불산, 영축산 자락에 뿌리를 내리고 터를 잡으면서 억새도 불심에 젖어든 것일까. 불교의 성지에 오니 하나같이 어딘가 그런 냄새가 묻어있지 싶어진다.

이웃한 통도사는 삼보사찰이요 적멸보궁이 있어서인지 산도 불교적 냄새가 물씬 풍기는 영취산이고 신불산이다. 그래서 저 억새들도 밤낮으로 불심을 익혀 저토록 의연하니 모든 것을 벗어놓은 듯 태평스러운 것인가.

쏟아지는 햇살을 조명처럼 받으면 금세 탈바꿈하여 은빛물결로 출렁거림은 환상이다. 거침없는 춤사위는 넋을 놓아도 좋을 만큼 황홀하다. 때로는 사각사각 속삭거림도 같고 환영의 손짓과도 같은 풍향계지 싶었다.

고산 산상에 펼쳐진 수십만 평 억새 물결은 억새의 향연으로 가히 장관을 이룬다. 단풍으로 물들어갈 무렵 멀리서 보면 아직 연초록 풋풋한 풀밭이지만 가까이 다가가면 붉은 빛을 띠는 모가지가 가을을 감고 있었다. 〈2012. 10. 02〉

# 천성산

원효 대사가 산상에서 화엄경을 강론
천명 득도하고
천명 성인이 탄생하였다는
천성산 화엄벌
습지는 도롱뇽서식지 환경파괴로
생사가 불투명
지율스님 단식투쟁도 허사
나무아미타불
억새들이 모여 법회라도 여는가 보네.

— 천성산 억새

천성산은 경남 양산시 상북면과 하북면 그리고 웅상읍의 경계에 자리하여 낙동정맥의 주능선을 이루며 제1봉을 원효봉(922m)이라 할 만큼 곳곳에 원효대사의 숨결과 법력이 아직도 살아있지 싶은 유서 깊은 산이다.

홍룡사로 들어섰다. 절의 오른쪽 홍룡폭포에서 잠시나마 세사의 혼탁한 마음을 훌훌 씻어버리며 산행에 전념하라는 계시라도 받은 듯 가벼운 발걸음으로 절 마당을 가로질러 왼쪽능선을 타고 올라 화엄벌에 닿는다.

화엄벌! 가을이면 더할 나위 없는 억새평원이다. 광활한 구릉지 억새물결이다. 이곳이 바로 원효대사가 1,000여 명의 승려에게 화엄경을 강설하고 승려들을 모두 성인으로 만들었다는 천성산(千聖山)의 화엄벌이다.

화엄벌에는 다른 곳과 달리 습지가 발달되어 도롱뇽이 서식하였다. 그런데 느닷없이 인근에서 고속전철터널공사를 하는데 수분이 빠져나가면서 도롱뇽이 고사위기에 처하게 되었다고 환경단체에서 야단법석을 떨었다.

「도롱뇽을 살리자!」는「지율스님」의 2년(2003년~2005년)여 동안 4차례 단식투쟁으로 결국 공사를 중단하고 환경영향재평가를 하면서 무려 2조5천억 원에 달하는 국고손실만 발생하는 결과를 가져오기도 하였다.

끝내 사업은 원안대로 추진되었으며 그 후 도롱뇽은 어떠한 영향을 받았고 어떤 환경변화의 조짐을 보였는지 알 수 없다. 마치 일시적으로 타올랐던 불길에서 남은 잿더미처럼 무관심으로 이어져 아쉬움을 남겼다.

하지만「도롱뇽 살리기 단식투쟁, 지율스님」이나「새만금 살리기 삼보일배, 수경스님」은 국책사업에서 형식적인 환경영향평가에 경종을 울렸다는 평가와 너무 극단적이라는 부정적인 요인으로 지적되기도 하였다.

그러나 지금은 「원효대사」가 창건하여 천여 성인을 배출하였다는 내원사만 계곡입구에 있을 뿐 스님은 간 곳이 없고, 화엄벌 화엄늪에는 습지보호구역이란 표지뿐 도롱뇽은 찾아보기가 어렵고 「지율스님」도 없다.

다만, 보란 듯 억새들만 더 늠름하니 무성하게 자랐다. 마치 더 많은 스님이 되고 군중이 되어 꼿꼿한 자태를 흩뜨리지 않고 아직도 사각사각 중얼중얼 「원효대사의 화엄경 강론」에 귀를 기울이고 있지 싶기도 하다.

옛 스님들이 화엄벌 억새로 환생하여서 가을이면 법회라도 여는가? 이 계곡 홍룡사 저 계곡 내원사 독경소리에 사르르 향내 번지듯 불심이 번져 가을이 깊어갈수록 대궁은 누렇게 금빛을 두르고 열반에 드나 보다.

이성계와 무학대사가 장기를 두었다. 이성계가 무학대사를 돼지 같다고 하니 무학대사는 '부처님 눈에는 부처만 보이고 돼지 눈에는 돼지만 보인다'고 맞장구쳤다. 그래, 부처의 눈으로 보면 부처가 아닌 것이 없다 했다.

저 수많은 억새들 하나하나가 개체로서 어딘가 다른 모습을 담고 있을 텐데 똑같은 하나로 보인다. 그냥 그렇게 닮아가며 살아가는 것일 게다. 그래 너도 억새고 또 너도 억새이듯이 너도 스님이고 너도 부처님이다.

사방팔방을 바라보아도 억새밭으로 오늘은 억새가 되어 함께 어울리며 부딪치는 것이다. 말 그대로 자연인이 되어보는 것이다. 바람이 불어오면 함께 흔들려 보는 것이다. 아픔이 있으면 서걱거리며 토해내는 것이다.

저녁 무렵이면 노을로 물들어서 아름다운 모습을 엿볼 수 있다. 꽃도 한꺼번에 피는 것은 아니다. 다소 시차가 있다. 서두르는 것도 있고 늦장을 부리는 것도 있다. 뒤처리가 깔끔하니 아름다운 모습이었으면 싶다.

물은 물속에서 깊어지며 조용해지는데 사람은 사람 속에서도 외로움을 탄다. 어울리지 못하고 외톨이가 되기 때문일 것이다. 때로는 혼자 있어 한없이 쓸쓸해 보여도 그렇지 않다. 자신을 다스릴 줄 알기 때문이다.

비록 그 하나하나는 볼품이 없을지라도 힘을 합치면 빛을 보는 것이다. 나뭇가지 하나는 쉽게 부러져도 몇 개를 겹치면 그리 만만치가 않다. 단순히 각자의 몫을 합친 것보다 몇 곱절은 힘을 발휘할 수 있는 것이다.

무리를 짓고 있는 억새는 혼자 튀려하지 않고 어우렁더우렁 함께 몸동작을 하니 보는 이의 마음마저 편안하지를 않는가. 더불어 가는 모습이 아름답다. 저렇게 어우러지지 않으면 딴전을 피우다가 불협화음을 낸다.

가을이 무르익어가며 대부분의 초목은 곱게 단풍든다. 억새도 단풍으로 물든다. 꽃이 피고 씨가 농익으면 바람에 훑어나가고 떨어지면서 대궁은 붉게 물들며 점점 금빛으로 변하게 된다. 단풍이라 할 수 있지 싶다.

억새의 대궁은 겨울을 지나고 봄이면 희뿌옇게 변질되고 삭아 비스듬하게 기울어져 같은 그루터기에서 새순이 올라오면 길을 터준다. 결국 묵은 대궁은 썩으면서 밑거름이 되고 자연스럽게 세대교체가 되는 것이다. 〈2012. 10. 17〉

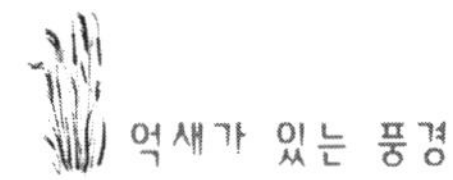


# 화왕산

화왕산은 본래 불의 뫼로 화산이 폭발한 산
달집 태운다 불장난으로 번진 불
수많은 인명사상 참사에
질긴 목숨 살아남은 억새는 더 번성하여
살풀이 춤이라도 추는가
애잔하면서 화려한 은빛물결
허준의 삼적사 너와집, 굴피집, 움막집도
널너리기와집 부럽잖은 보금자리
한센병 환자 의인과 억새꽃 웃음 짓고 있네.

— 화왕산 억새

화왕산(火旺山) 정상에 오른다. 경상남도 창녕군 창녕읍과 고암면의 경계에 있는 산으로 본래 「불의 뫼」란 뜻을 품고 있다. 가야시대에 축조되었다는 성곽을 깔끔하게 복원한 모습에 물웅덩이도 가지런하게 놓여있다.

화왕산은 화산이 폭발하여 형성된 산이다. 분화구였던 곳에 3개의 연못이 남아있고 새롭게 정비해 놓은 연못이 바로 그 분화구다. 일대는 분지를 이루며 가을에는 억새밭이지만 봄에는 진달래가 절경으로 장관을 이룬다.

6만평 가까운 구릉지가 온통 억새밭으로 풋풋한 냄새가 풍겨난다. 산불감시초소가 있고 그 옆으로 배바위가 있다. 2009년 정월대보름날 달집태우기의 이벤트로 화왕산 억새태우기 행사과정에서 그만 큰불이 번져났다.

볼거리에 몰려들었던 관광객은 전혀 예상하지 못했던 불길이 내뿜는 독한 연기에 질식할 것 같아 밀리고 밀리다가 가파른 배바위 인근에서 7명이 소중한 생명을 빼앗기고 81명에게는 잊지 못할 크나큰 상처를 남겼다.

곳곳에 불탄 흔적과 오래도록 아물지 못할 쓰라린 상처로 남아서 마음 아프게 했다. 하지만 야속한 것이 세월이라고 그날의 악몽 같은 아수라장은 슬그머니 자취 감추듯 잊혀가고 억새만 더 길길이 자라 숲을 이루었다.

살아가면서 아파보거나 아프지 않은 사람이 어디 있으랴. 잘 참고 견디며 이겨내고 있는 것이다. 사람의 세상뿐만 아니라 자연의 세계도 이런저런 크고 작은 온갖 수난을 겪으며 초목들이 피고 지고 자라나는 것이리라.

억새는 여름에 초록물결에서 가을이면 은빛물결 겨울에는 대궁이 금빛물결로 장관을 이루며 보는 이로 하여금 마음 설레게 한다. 이곳 화왕산에는 진달래와 억새가 번갈아 축제를 벌려 관광객들의 발길을 끌어 모은다.

억새 숲을 가로질러 산성 동문 쪽으로 간다. 이곳은 임진왜란 때 홍의 곽재우 장군과 의병 천여 명이 분전한 곳으로 알려져 있다. 남문과 동문 쪽은 산성이 잘 복원되어 있으며 성문을 나서면 허준 영화 세트장이 있다.

400년 전 광해군 때 양반상놈에 명분과 체면을 중시하며 가장 밑바닥 인생으로 천민들 중에서도 섬뜩섬뜩 꺼리며 멀리하던 한센병 환자를 모아 의사로서 인간애를 실천하며 살신성인한 의인의 모습을 그려보게 된다.

중국은 명대(明代)에 이시진의「본초강목」이 있다면 조선은 허준의「동의보감」이 있다.「동의보감」은 중세 동아시아의학을 집대성하여 현재까지 동양의학 발전에 가치를 인정받아 유네스코 세계기록유산에 등록되었다.

세트장은 얼핏 들여다보기에 정말 초라하기 그지없다. 버림받은 환자들이 숨어서 살던 곳이니 오죽하랴. 그러나 그들에게는 삼적사의 너와집, 굴피집, 움막집이지만 살아있다는 것만으로도 감지덕지 더 없는 보금자리다.

모두가 기피하는 한센병 환자들이다. 그네들끼리 억새처럼 모여서 살았다. 억새는 결코 외롭지 않다. 서로 몸을 부비며 서로 노래하며 살았다. 원망도 시기도 부러움도 다 버리고 오로지 자신들만의 길을 살았던 곳이다.

누군가에게 보여주기 위해서 치장할 필요도 없이 억새처럼 살았다. 나름대로 마음을 펴고 살았다. 강한 집념으로 내공을 쌓듯 수없이 자신을 채찍질하였으리라. 그렇게 남모를 세월 보내며 수많은 눈물을 삼켰을 것이다.

억새는 강렬한 햇살에 비바람을 맞으며 자신을 이겨낸 수도승 같은 역경을 수없이 겪어냈을 것이다. 그래도 가을 한 철이 되면 저들과는 달리 억새를 보겠다고 야단법석을 떨며 사람들이 몰려들어 환호성을 내지른다. 〈2012. 09. 29〉

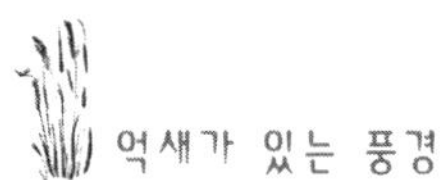


# 민둥산

흉내만 내려 억지 고집피지 마
너만의 개성을 살려 봐
너의 열정이
모든 이 환심 사며
일인자 되어
홀로 우뚝 서는 거야
깊은 산속에
두루뭉술 벗겨졌지만
억새 하나로 몰려든 인파를 봐.
— 민둥산 억새

하늘을 올려다본다. 구름 한 점 없이 파란 하늘이 높기도 하다. 말간 햇살이 쏟아지며 가을을 갈무리하지 싶다. 바쁜 발길은 이마에 송골송골 땀방울을 맺게 한다. 바람이 옷 속을 파고들어 선들선들해지기도 한다.

오르는 초입은 가파르다. 나무가 빽빽하고 그 중에 적송이 일품이다. 금강송으로 조선소나무로도 통한다. 눈에 확 들어오면서 단연

으뜸이다. 아름드리로 보기에도 듬직한 숲속을 오르는데 저 위에는 까까머리란다.

민둥산이 된 것은 화전민이 산나물을 많이 뜯기 위해 늦가을에 불을 놓아 모두 타죽었다고 하고, 옛날에 하늘서 내려온 말 한 마리가 마을을 돌며 보름 동안 온 산을 헤매었는데 그 뒤부터 억새만 자랐다고도 한다.

이처럼 그 큰 산이 정상 부근은 나무가 좀처럼 자라지 못하고 오로지 억새만 무성한 것이다. 그러나 전화위복이란 말처럼 이것이 더 유명세를 타게 되었다. 하나의 억새밭이 가을이면 좋은 볼거리가 되는 것이다.

사람도 만능보다는 하나의 특기로 빛을 보며 인기를 누리는 경우가 많다. 노래를 잘 불러 가수로 혹은 골프를 잘 쳐서 운동선수로 그림을 잘 그려 화가로서 연기를 잘하여 배우로서 확고한 자리매김을 하고 있다.

그런 측면에서 접근해 보면 민둥산은 억새 하나로 각광을 받고 있는 셈이다. 얼핏 산이면 두 말할 것 없이 나무가 많아야 하겠지만 나무는 자라지 못할망정 억새만은 그 어느 곳보다도 두각을 나타내고 있는 거다.

가끔은 상식으로 통하지 않는 일이 있다. 같은 산이지만 나무가 자랄 수 없다는 것이 기이하고 신기하기도 하다. 하지만 억새만큼은 그 어느 나무보다 잘 자란다. 눈치껏 특기자처럼 하나의 특성을 살려주면 된다.

민둥산이라면 훌렁 벗겨져 아무것도 없어야 하지만 그렇지 않다. 많은 사람들이 열광하는 데는 그만한 이유가 있기 때문이다. 꼭 나무가 있어야 하는 것은 아니다. 오직 억새꽃 하나로 훌륭한 구경거리를 만들었다.

억새밭은 가르마 같은 오솔길에 사이사이로 미로 같은 길에 빠져들기도 한다. 쉬엄쉬엄 혼자서 걸어도 좋고 누군가 함께 걸어도 좋다. 걷다가 억새와 함께 한바탕 군무를 추면서 억새의 노래를 흥얼거려도 좋다.

카르스트 지형으로 석회암이 물에 용식되어 화산 분화구처럼 움푹 파인 구덩이의 돌리네가 눈길을 당긴다. 그 안에도 억새가 출렁거리며 특별히 초대받은 여인처럼 보랏빛 구절초가 분위기를 고조시키고 있다.

억새만큼이나 많은 인파로 북새통을 이루는 정상은 만원이다. 연신 추억을 담으며 여기저기 까르륵 웃음이 넘치는 소리가 하루를 즐겁게 하며 건강미 넘쳐난다. 억새의 물결이 사람의 물결과 뒤섞이는 축제 한마당이다.

푸른 가을 하늘 아래 저토록 당당하고도 태연하게 본래의 속성대로 꽃을 피우고 강인한 제 모습을 뽐내고 있는 것이다. 이 어찌 장하다 아니하랴. 많은 사람들이 몰려 감탄과 함께 연신 박수를 보내고 있는 것이다. 〈2012. 10. 07〉

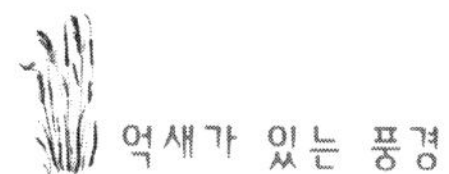

억새가 있는 풍경

# 현충사

장수는 그냥 태어나지 않고 만들어진다.
십년 간 은행나무를 뛰어 넘으며
말 달리고 활 쏘는 담금질
충무정 생수로 갈증 씻어내고
야망의 눈빛은 빛났다
끈질긴 왜놈들 풍전등화도
오로지 구국일념에 꺼질 줄 몰라
백의종군 거북선 앞세운 승리
「나의 죽음을 말하지 말라」 유언이었네.

— **현충사 억새**

예년보다 10여 일이나 앞질러서 첫눈이 내린다. 아침나절부터 신나게 휘날린다. 뭐가 그리 급하다고, 뭐가 그리 반갑다고, 겨울은 저렇게 서둘러 다가오고 있는가. 어쨌든 「첫」이란 말에는 늘 설렘이 담겨있지 싶다.

저녁 무렵에 아산 현충사로 갔다. 입구에 도열한 은행나무는 샛노란 잎을 많이 떨어냈다. 갑작스런 추위에 두툼한 외투를 걸친 둔한 발걸음들로 좀은 한산하였지만 산자락에 소나무는 여전히 짙푸르고 의연하기만 하다.

성역화 된 경내로 들어섰다. 바깥과는 달리 온통 단풍물결로 출렁거렸다. 때마침 구름을 뚫고 쏟아지는 햇살을 조명처럼 받으며 활활 불이라도 지른 듯 새빨간 단풍에 숨이 막힐 지경으로 연못까지 벌겋게 젖어들었다.

성웅 이순신 장군이 청년기를 보낸 아산 염치읍 백암리 방화산 자락 현충사다. 청년 이순신이 펄쩍펄쩍 뛰어넘었다는 은행나무 두 그루도 어언 오백년 노거수가 되었지만 아직도 통통한 은행이 열려 바닥에 나뒹군다.

말을 달리고 활을 쏘다가 지친 몸을 잠시 이끌고 목을 축였던 충무정(忠武井)이 은행나무 옆에 지금껏 마르지 않고 펑펑 솟아올라 관람객에게 시원한 음료수가 되고 있다. 한 구기 벌컥 벌컥 들이키며 회상에 빠져본다.

영정을 뵙는다. 「죽고자 하면 살고 살고자 하면 죽는다.」는 전쟁터의 철학으로 동서고금 수많은 해전에서 그 유례를 찾아볼 수 없는 승리를 이끌어냈지만 불안한 정국에 아직도 나라사랑 난중일기를 쓰고 계실까.

정면에 설화산이 늠름하니 우뚝 솟아 힘겨워하는 청년 이순신에게 수없이 무언의 격려를 하였을 것이다. 곡교천 제방 따라 샛노랗게 수를 놓는 은행나무의 모습이 낭만적이라면 간간이 드러내는 억새는 강한 의지력 같다.

바람이 불어오면 저희끼리 부딪는 소리에 서걱서걱 말 달리고 화살이 쉴 틈 없이 내리꽂히고 있다. 때로는 매복했던 병사들이 일시에 일어서며 고함을 내지르고 있다. 하나의 군영이요 훈련장의 모습으로 오버랩 된다.

청년 이순신은 결혼까지 한 몸으로 10년 간 무예를 연마하여 32세 늦깎이로 무과에 합격하였다. 비록 평탄치 않은 나날이었지만 구국 일념은 거듭된 백의종군까지 하며 임진왜란에 거북선을 만들어 혁혁한 공을 세웠다.

성웅 이순신 장군은 맹장이요, 지장이요, 덕장인 무관이었지만 오히려 문관보다도 더 부드러웠다. 너그러운 성정으로 백성을 돌보면서 신임을 듬뿍 받았어도 막상 자신에게는 아주 엄격한 잣대로 공사를 분명하게 하였다.

잎이 지고 빨갛게 올망졸망 남은 감은 왜 저리 소담스러운가. 누렇게 금빛을 토할 듯 모과는 왜 저리 듬직한가. 단풍잎을 툭툭 걷어차며 홍겨워 재잘거리는 소리는 왜 저리 경쾌할까. 늦가을 현충사가 만들어낸 모습이다.

좀 더 천천히 거닐며 오래도록 머물고 싶었지만 저녁 해가 재촉한다. 이글이글 단풍으로 후끈거리는 경내를 나서니 다소 쌀랑하다. 앞쪽 설화산이 어깨를 하늘과 맞대고 아쉬운 듯 첫눈을 털어내지 못하고 희끄무레하다.

저 만큼 억새꽃 한 무더기가 꼿꼿한 자세지만 백전노장 노련한 얼굴에 보일 듯 말 듯 잔잔한 미소처럼 살랑거린다. 그래, 너무 촐랑거리듯 흔들려서는 안 된다. 그렇다고 너무 목에 힘을 준다고 엄숙해지는 것도 아니다.

가을의 꽃 중에 꽃인 국화꽃 전시장이 입구에 들어서고 사람들이 꽃보다 아름답게 원색에 가깝도록 꾸미고 오간다. 하지만 산야에서 태어나 야성미가 듬뿍 묻어나도록 저 건강미 물씬 넘쳐나는 건각의 억새와는 또 다르다.

억새는 굳이 자신을 보아달라고 하지 않는다. 억지로 꾸미거나 모양을 내려 안달을 부리지 않는다. 어쩌면 살아가기 팍팍하여 하루가 마지막 날처럼 살아갈 때도 있었으리라. 그런 모습들을 계절이 저만큼 다듬어 놓았다.

하지만 억새는 강하기만 한 것이 아니다. 장수의 다른 면면처럼 때로는 부드러운 것이 강한 것을 이기기도 한다. 그렇다고 부드럽기만 하면 절대로 강한 것을 이길 수 없으니 강약 조절이야말로 살아가는 지혜이기도 하다. 〈2012. 11. 14〉

# 아우내

매봉산자락 아우내장터에는 지금도
유관순 열사 만세소리가
이따금 들려온다
나라가 어지러워 갈팡질팡 하면
일깨우려 일침을 놓는다
흰 두건 무지렁이
억새가 제방에 빼곡히 모여들어
만세를 외치고 있다
밑바닥 서민의 소리 경청할 일이다.

— 아우내 억새

천안 병천의 매봉산 자락 아우내장터다. 지금은 병천순대로 순대의 대명사가 되어 외지에서 사람들이 모여들어 북적거리지만 90여년 전에 유관순 열사가 독립만세를 외친 곳으로 전형적인 조그마한 시골의 장터이다.

쫓기며 숨어서 지내고 온갖 핍박을 받아가며 만세를 불렀다. 고문을 받아가며 민족의 아픔을 대신했다. 그 자랑스러운 모습을 재현하듯 아우내장터 인근에 억새들이 모여 두 손 번쩍 들고 목이 터져라 만세를 외친다.

냇물이 흐르고 제방에 억새가 하얗게 피었다. 마치 무지렁이들이 다시 모여서 독립만세를 외치고 있지 싶다. 독도가 일본 땅이라는데 유관순 열사의 혼령이 되살아나고 남북이 혼란스러운 때 국력을 모으고 있지 싶다.

우리는 이따금 억새가 된다. 정말 살아가기 힘들다면서 세상 온갖 고난을 다 짊어진 듯 헐떡거리며 힘들게 끝도 보이지 않는 기나긴 언덕을 오르고 오른다. 꾹꾹 참고 견디며 가다보면 어느 순간 목표지점에 도달한다.

넘치는 기쁨에 젖어들다가 방랑자처럼 다시 길을 떠나야 한다. 한 곳에만 안주하거나 마냥 머물러 있을 수 없는 것이 또한 삶이다. 다시 원점인 듯이 한 발 한 발 발걸음을 내딛는다. 그 속에다 야심찬 희망을 장전한다.

결코 함부로 꺾이거나 소홀히 할 수 없는 뚜렷한 주관에 꿋꿋한 줏대를 세운다. 살아가며 어려움만 있는 것은 아니다. 잔잔한 날에 꽃피고 감미로운 새소리도 덤으로 묻어온다. 억새가 억새와 어울려 한판 춤을 춘다.

억새는 봄날 새싹이 돋을 때는 아주 부드러운 풀이었다. 여름날 억센 줄기를 세우고 가을날 꽃을 피우며 대궁이 벌겋게 물이 든다. 겨울로 접어들면서 끝내는 누우런 빛깔로 메말라가고 천천히 한 세대를 마무리 짓는다.

억새는 다년생 풀이면서 뿌리만 남겨놓고 나머지는 일년생 풀과 같은 삶을 사는 것이다. 그러나 죽음 앞에 서두름이나 두려움이 없다. 낙엽으로 지거나 줄기로 그냥 질 수 없어 그대로 서서 겨울을 나면서 마감한다.

억새는 태어나 험난한 과정을 거쳐 온 것처럼 그 일 년을 떳떳하기 위해 사그라지는데도 그냥 쉽게 허물어지지 않는다. 모진 겨울바람을 온몸으로 받아내며 꼬장꼬장한 모습에 자연스럽게 다음 세대에 자리를 내준다.

억새는 눈치를 보지 않는다. 주변에 부화뇌동하지 않는다. 자신의 자리에 만족해 한다. 먼저 떠나는 것들에게 지나는 길손에게 스스럼없이 다정하게 손을 흔들어 준다. 그래서 어수선한 가을에 저리 태연할 수 있나 보다.

나무가 빈 몸뚱이로 겨울잠에 들어갈 때 억새는 뜬 눈으로 부딪쳐야 한다. 이미 영양분도 수분도 모두 끊겼지만 이에 원망하거나 아쉬움으로 자세를 흩뜨리지 않고 오히려 당당하게 남은 삶을 깔끔이 마무리 짓고 있다.

하얀 옥양목 차림으로 함성을 지르는 저 외침의 소리가 들리는가? 몸은 자꾸 메말라서 비척거리지 싶어도 본성을 잃지 않고 만세의 물결이 번지고 있는데 무심한 한 쪽에서는 순대를 구겨 넣으며 순대만 채우고 있다. 〈2012. 11. 15〉

억새가 있는 풍경

# 마라도

마라도에서는 누가 제일 외로울까
몇몇의 주민일까
모질은 바람 억새일까
주민과 억새 또 억새와 주민
억새도 공동체로
외로움이 외로움과 어울리면
더는 외로움이 아니다
눈빛을 읽으면서
다정다감한 한울타리 이웃이 된다.

— 마라도 억새

섬(제주도)에서 잠시 탈출하여 섬(마라도)을 찾아가는 길이다. 동해바다 동단에 독도가 있다면 남해바다에는 최남단에 마라도가 있다. 마라도는 모슬포항에서 불과 11km 거리로 뱃길 따라 채 30분도 걸리지 않는다. 하지만 제주도에서는 갈 곳도 가고 싶은 곳도 많은데다 제한된 시간이기에 외진 곳에 있는 섬을 찾아가기에는 마음적인 거리로 외면하는 경우가 많다.

마라도는 동서 0.5km, 남북 1.3km, 해발 36m, 섬 둘레가 고작 4.2km인 10만 평 규모로 고구마처럼 길쭉한데다 납작하다. 분화로 겹겹의 현무암층인 검은 바탕에 잔디와 억새밭이다. 주민등록자 100여 명 중 실제로는 그 절반만이 관광객을 상대로 사실상 거주하고 있다. 그래도 주민 수의 열 배 스무 배가 넘게 북적거리는 탓인지 성당이며 교회, 사찰도 있다.

분교에는 2명의 학생뿐이지만 주민 수에 비하면 결코 적은 숫자는 아닐 터다. 비가 세차게 쏟아지면서 바람까지 몰아쳐 얼굴이 따끔따끔하다. 하지만 일정상 머뭇거리거나 멈출 수 없다. 물이 줄줄 흐르는 잔디밭을 딛고 오르니 7곳이나 되는 자장면 집에서 호객하느라 분주하다. 배가 들어오면 반짝 활기를 띠다가 배가 끊기면 그냥 문을 닫을 수밖에 없는 곳이다.

빗줄기를 헤집고 길을 따라간다. 바람소리를 압도하려는 듯 파도소리가 목청을 돋운다. 갈매기가 비를 맞고 날고 있다. 국토최남단비 앞에 섰다. 장군바위가 비를 흠씬 맞고도 흐트러짐 없이 바다를, 튕겨져 오르는 파도를 응시하고 있다. 마라도 아니 대한민국을 꼭 지켜내겠다고 한 순간 한 동작도 놓치지 않으려는 단호한 의지가 담겨 있어 보여 더 늠름하기만 하다.

하지만 수시로 파도가 몰아쳐 기암절벽의 해안은 움푹움푹 파이며 해식동굴이 생겨났다. 이런 아름다운 모습들로 마라도가 국가천연기념물 제423호로 인정을 받았다. 안쪽 초원은 잔디와 억새밭으로 반반씩 나뉘었지 싶다. 그런데 억새마저 서둘러 모가지가 바람에 잘려나가고 몸집만 벌겋게 익어가고 있다. 제주도보다 겨울을 훨씬 앞질러 맞이하고 있는 것이다.

절벽 위 가장자리에는 선인장자생지가 있어 백년초가 열매까지 주렁주렁 매달고 있다. 조류를 타고 떠다니다가 이곳에서 정착을 하는 것이다. 열사의 사막을 잊고 추위와 바람을 이겨내고 있는 것이다. 주민들도 그렇게 이곳에 들어와 정착하는 사람들이다. 40분가량 섬을 돌면서 멈출 줄 모르는 빗줄기에 짧은 시간이었지만 몸도 마음도 마라도에 젖어들었다.

마라도에서는 풀 한 포기 나무 한 그루도 한 가족이다. 자연히 억새도 한 가족이다. 어디에 얼마만큼 억새가 자라고 있는지 훤히 꿰고 있다. 억새가 잔디와 함께 바람으로부터 보호하는 파수꾼으로 키를 낮추고 눈치껏 살아간다. 마라도에서는 억새도 염분을 먹고 자란다. 수시로 넘나드는 짭짜름한 소금기의 해풍과 실랑이를 하면서 억새도 좀은 짠 데가 있지 싶다.

억새는 마라도를 지키고 최남단의 바다를 지켜야 한다는 수병처럼 아주 강인하니 짱짱하다. 그만큼 마라도에서는 억새가 있어 주민에게 위안이 되듯 관광객에게도 좋은 볼거리가 된다. 하지만 심한 비바람에 배가 뜨지 못하여 발길이 뚝 끊기거나 깊은 밤 철썩거리는 파도소리에 소곤거리듯 쏟아지는 달빛과 별빛을 감내하기에는 간간이 외로움이 남아 있을 것이다.

또 누구는 그런 모습이 마냥 좋기만 하단다. 오히려 낭만이 흐르고 조용히 잊어버렸던 자신을 돌아보는 감미로운 시간으로 때로는 고독을 즐기며 만끽할 수 있는 절호의 찬스 같은 시간이 되기도 할 것이다. 억새는 바람과 햇살과 수분의 양에 따라서 다른 표정을 짓고 수시로 다른 몸짓을 내보인다. 그런 억새들을 보다 가까이에서 지켜볼 수 있는 것도 괜찮다.

그런데 너희들은 여기까지 어떻게 왔니? 바람 타고 훨훨 하늘로 왔니. 물결 타고 밀리고 밀리며 바다로 왔다가 더는 오갈 데 없어 단념하고 정착하는 것이냐. 너도 한반도의 억새와 DNA가 같음을 외관부터 보여주고 있다. 그러니 마라도를 끝까지 지켜내야만 또한 네가 살아갈 명분이 있는 터전이 되는 것이다. 그러고 보면 같은 하늘 아래 살아가고 있는 것이다.

겨우 11월 초로 가을이 무르익을 계절인데 갑작스런 추위가 몰려들고 비가 내리면서 마라도는 서둘러 바람의 기세가 등등해졌다. 그만큼 마라도의 억새는 단련이 앞당겨 시작된 셈이지만 숙명적으로 받아들여야 한다. 하지만 이쯤이야 능란한 수병이요 해병처럼 거뜬하게 이겨낼 것이다. 그런 억새의 모습이 더 늠름하니 더 꿋꿋하고 넘치는 패기로 자라날 것이다.

막상 비가 오고 세찬 바람이 불고 추위가 몰려온다고 두려워하며 피하고 숨는 것은 사람이지 억새가 아니다. 억새는 현장에서 꿋꿋하게 온몸으로 맞서서 이겨내며 더 튼튼해지는 것이다. 그래야 살아남을 수 있는 것이다. 아무리 둘러봐도 시퍼런 바다에 파도만 넘실거리는 고도이지만 빈 대궁일망정 별이 총총한 밤이면 하늘바라기 하며 좀은 느슨해질 것이다.

바람소리 억새소리 파도소리는 저리 생생하게 들려오고 듣고 있는데 막상 나의 소리는 없다. 아무것도 보이지 않고 아무것도 들리지 않는다. 모처럼 다시 찾아와서 고작 빗줄기에 모든 것을 쫓기고 있는 것일까. 아직껏 소리조차 만들지 못한 것이다. 바꾸어 말하면 바람 부는 대로 빗물 쏟아지는 대로  뚜렷한 내 모습이 없이 그냥 건성으로 흘러가는 초라함 뿐이다.

후줄근히 비를 맞고 있는 억새도 당당하니 멋진 모습을 보여주는데 내 모습은 찾을 수가 없다. 그러고 보면 억새가 때로는 슬프게 우는 것이 아니라  즐거움 넘치는 억새의 노래였다. 몸과 몸이 부딪쳐 서로 비비며 흘러나오는 억새만의 독특한 소리였다. 깊어 가는 가을 억새를 연주하는 자연의 소리였다. 비와 바람 속에 돌아가는 배는 치솟는 파도로 발버둥을 쳤다. 〈2012. 11. 04〉

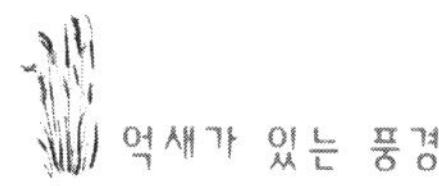


# 제주도

옛날 옛적 화산폭발로 움푹 파인 큰 웅덩이
천지같이 물이 고이지는 않지만
세찬바람 밀려와도 끄떡없는
저 깃털은 백록이 깔고 덮을 보금자리
흰노루는 어디쯤 있느냐
억새 한 무더기 날카로운 눈초리
더 높고 푸른 하늘 바라보며
조심스레 손을 내젓는다
가끔은 밖으로 나와 높이 오르고 싶은 게다

— **백록담 억새**

제주항을 나서며 한라산을 힐끔 올려다본다. 비교적 맑은 하늘에 흰 구름 몇 덩이 떠간다. 대정 방향 해안을 타고 버스가 달린다. 길 양편으로 억새가 하얗게 피어 도열하고 오가는 관광객을 향해 열심히 손을 흔들고 있다.

억새의 물결은 가도 가도 이어지며 늘어섰다. 시골길에서 이따금 보았던 코스모스길 못지않다. 역시 제주도의 가을은 억새의 계절로 억새를 빼놓고는 이야기가 쉽지 않음을 직감할 수 있다. 가꾸고 보살핀 듯이 무성하다.

특히 화산석이 많이 퍼져있는 지역이라 수분이 빨리 흡수되면서 억새가 자라는 환경으로 최상의 조건이지 싶다. 밭을 경계 짓는 검은 빛깔의 돌에 하얀 억새와 여기에 철썩거리는 바다의 하얀 거품을 연계해볼 만하다.

「올레」라는 말은 본래 제주도 방언으로「큰 도로에서 자기 집 대문 앞까지 연결된 아주 좁은 골목길」을 의미한다. 하지만 요즘은 자연스럽게 산책하듯 걸을 수 있는 길로 제주도에는 22개 구간 올레길이 만들어졌다.

제주도는 대부분이 산뿐이지만 오름으로 불릴 뿐 산이란 명칭으로는 몇 안 되는 송악산을 가다보면 일본군의 악랄했던 모습의 잔재를 곳곳에서 볼 수 있다. 알뜨르비행장, 격납고, 고사포진지, 진지동굴까지도 뚫어 놓았다.

송악산 해안을 데크로 단장하여 아늑하다. 층층이 쌓아올린 듯싶은 절벽은 보고 또 보아도 갸웃갸웃 거려진다. 방목된 말이 곁으로 지나가도 모른 척 풀만 뜯고 있다. 말에게 뭐 먹느냐 물으면, 말시키지 말라 할 것 같다.

걷는 중에 계속 따라붙은 것은 두 말할 것 없이 억새다. 하나 같이 구김살 없는 천연덕스러움이다. 그래서 가을날 올레길을 걸으면서 두런두런 거리는 길동무가 되고 아늑하니 편안한 서민적인 분위기가 될 수 있나 보다.

올레길 7구간을 걷는다. 그 중에 외돌개의 면면은 너무나 빼어난 하나의 예술품에 주변의 바닷물이 휘도는 모습까지 더하면서 절로 감탄을 자아낸다. 고립석(孤立石)이란 의미가 담겼는데 어찌 외롭다고 단정할 수 있으랴.

절절했던 기다림을 넘어 그리움이 되었던가. 그리움도 병이 되어 끝내는 저처럼 화석이 되어 바라보는 마음까지 숙연하게 하는가. 엄청난 바람은 주변의 수백 년 소나무들을 무참하게 쓰러뜨려 못내 아쉬움으로 남는다.

성판악이다. 한라산의 새벽을 까마귀들이 열고 있다. 집단 서식을 하며 우르르 몰려다니며 날개를 펄떡일 때는 온 세상이 새카맣지 싶다. 이따금 등산객을 향해 무슨 반칙이라도 했는지 고래고래 소리를 내지르기도 한다.

가을이 끝나가는 무렵 한라산의 고운 단풍은 지고 수많은 꽃들도 자취를 감추었다. 그러나 억새는 끝까지 남아 길손의 마음을 달래준다. 그래서 끝내는 단풍보다 아름다운 억새이고 꽃보다 아름다운 억새가 되었나 보다.

고집스럽고 억세게만 보이던 억새의 흔들림에서 부드러움을 본다. 잔인하도록 짓누르며 일어서던 억새에게서 스스로 낮춤을 본다. 손을 흔들고 몸을 흔들어 봉사하며 함께 어울리려는 듯싶은 분위기에서 향수를 느낀다.

가을날 제주도에서는 땀을 흠씬 흘리면서 백록담을 오르고 넘어도 좋다. 다시 바다를 건너 조그만 마라도에 가도 좋다. 그냥 억새와 함께 해안선의 올레길을 걷고 걸으면서 이런저런 생각에 마음을 정리해도 좋을 것이다.

이제 제주도에서 억새는 가을날 단순한 장식품 같은 소모품적인 존재에서 벗어나 가을의 분위기를 물씬 연출하고 주도하는 생산적인 재능을 지녔다. 욕심을 슬쩍 내려놓은 듯싶은 편안함에 화합을 염원함이 담겨져 있다. 〈2012. 11. 03〉

# 승학산

부산의 승학산 기슭에 터전을 잡은
동아대학교는 젊음을
승학산 정상에 우뚝 올려놓고
구덕체육관은 건강을
오늘도 왁자지껄 소담한 말투
넉살좋은 부산아지매
부족해도 꿋꿋이 살아야 한다
쉬엄쉬엄 산을 오르며
애써 억새꽃 까르르 피우고 있었네.
— 승학산 억새

부산의 낙동강을 건넜다. 잠시 주춤거리다가 남진하며 낙동강하구언을 지나고 다대포 방향에서 다시 왼쪽으로 꺾어드니 사하구의 지하철 괴정역이다. 지하도를 빠져나와서 시멘트로 포장된 산기슭을 가파르게 오른다.

헐떡거리다 돌샘약수터에서 물 한 구기 마신다. 미적지근한 것이 속을 식혀주기에는 역부족이다. 능선에 올라서니 비로소 시원한 바람이다. 소나무의 에이즈라고 불리는 재선충에 소나무 토막무덤이 여기저기 보인다.

한샘약수터에 부산아지매의 높고 수다스런 특유의 목소리가 숲으로 번져나간다. 연한 보랏빛 구절초 해말간 모습이 청초하기만 하다. 아마도 저 구수한 이야기를 귀동냥으로 먹고 자라 텁텁하게 꽃을 피웠을 것이다.

햇살을 맞으면 땀이 흐르며 몹시 따가운 날씨다. 그러나 숲속 응달은 서늘하니 가을을 실감한다. 양지와 음지로 여름과 가을이 교차하는 극우와 극좌의 이분법 같다. 웅장한 모습 구덕산기상관측소 건물을 따라간다.

구덕산 정상에 섰다. 잠시 부산을 조망한다. 옅은 해무에 덮인 바다는 좀은 비좁아 보이는 포구를 빠져나가며 몇 개 섬도 떠있다. 저 아래가 구덕체육관이고 너머가 영도다. 용두산공원과 자갈치시장도 있을 터다.

왼쪽으로 우뚝 솟은 금정산이다. 해안을 타고 용케도 집들이 산을 타고 오르고 있다. 깎아진 절벽에 누운향나무를 심어 온통 푸르게 바꾸어 놓은 모습이 인상적이다. 정상에 억새가 막 피어 풋풋한 모습이 신선하니 좋다.

건너편 승학산을 향해 간다. 부산의 가장 서쪽에 있는 산으로 그 모습이 마치 학이 날아오르는 형상을 하여 무학대사가 승학산(乘鶴山)이라 하였다는데 불과 496m 나지막하지만 억새가 피어 은빛날개를 펄떡인다.

지금은 비록 학은 없지만 9만여 평 억새밭은 부산시민의 가을사랑을 듬뿍 받는다. 억새를 본다. 다시 바다를 본다. 그러다 보면 바다에 억새가 출렁이고 억새에서 바닷소리가 들리지 싶다. 그렇게 기대고 살아간다.

불심이라 하던가. 모든 것은 마음으로 와서 마음으로 간다. 따라서 온 곳을 알면 갈 곳도 안다고 않던가. 적으면 많게 보고 작고 좁으면 크고 넓게 보면 될 수 있을 텐데 억새에게 많고 적고 크고 작음이 문제일까.

억새의 진면목을 보고 느낄 수 있으면 족하다. 하지만 더 샅샅이 볼 수 있으면 이 아니 좋으랴. 억새가 바람에 휘날린다. 저것이 춤이 아니고 무엇이냐. 억새가 서걱거린다. 들어라 저것이 노래가 아니고 무엇이냐.

보고 있다고 모두를 보여주는 것은 아니다. 다만 계기를 마련해 줄 뿐 스스로 필요한 것을 나름대로 찾아보는 것이다. 때로는 같은 것을 놓고 남이 미처 못 본 것을 나는 보고 남이 본 것을 나는 보지 못하기도 한다.

꽂꽂한 억새에게 유연한 춤사위는 강함 속에 부드러움을 보여주는 극치다. 흔들림에서 바람의 방향을 눈치 채는 억새를 보노라면 계절을 느끼며 특히 가을을 만끽한다. 참을성과 기다림은 가히 일품이라고 할 만하다.

그래, 억새야 가을날까지 잘 참고 견디며 왔으니 이제 마음껏 뽐낼 만큼 뽐내보려무나. 아무도 널 거만하다고는 하지 않을 것이다. 하지만 보고도 느끼거나 너의 진가를 모르는 이도 많아 본숭만숭해도 서운해 마라.

세상사 마음이 내 마음 같지 않아서 내 뜻대로 되지는 않는다. 그래도 맞추며 살아가는 거다. 그러려면 이해와 배려가 필요하지. 때로는 자신을 낮추어도 올라가고 아무리 높여도 낮아지는 것이 세상 인심이기도 하다.

억새가 지나는 바람을 등에 업고 으악으악 울면 바다는 바람을 안고 출렁거리면서 해조음을 쏟아내는지도 모른다. 낙동강에서 올라온 바람과 바다에서 올라온 바람은 연신 담금질을 하며 억새를 아주 억세게 만든다.

비록 꺾일망정 굽히지는 않는다고 했던가. 그 불굴의 정신들이 모여 억새 숲을 이루며 일사불란한 춤사위에 넋을 놓는다. 낙동강이 들어오고 바다가 들어오고 넉넉한 들녘에 산자락 아래 동아대학교가 둥지를 틀었다. 〈2012. 09. 28〉

# 2

# 명성산

고구려 후예로 철원에 태봉국을 세웠던 애꾸눈 궁예
방탕한 생활로 초심을 잃은 불안한 말년
문무백관까지 괴롭힌 독심술
끝내 백성의 신뢰 잃고 왕건에게 맞은 뒤통수
질긴 목숨 눈물 왈칵 울음산
천년수로 고인 눈물 억새밭에 잦아들고
다툼은 끝나지 않았는지 서걱서걱 군화소리에
탄약 냄새 풀풀 묻어 환생한
억새는 궁예의 병사인가 아직도 병정놀이 하지 싶은.

— 명성산 억새

억새를 보러 포천의 명성산으로 갔다. 억새가 산상에 모여 으악으악 가을노래를 부르며 음악회를 열고 있었다. 누구든 짬나면 스스럼없이 오란다. 좀은 서툴러도 한 번 보란다. 이 가을 바람결에 보내온 초청장이다.

등룡폭포를 지나 산자락에 오르면서 억새가 나타난다. 약수터에서 두어 구기 시원하게 마시고 오른다. 활짝 펼쳐진 억새밭. 개화한지 좀 되어서 자주색 이삭이 풋풋함이나 원숙함보다 하얗게 노련한 백발이 되었다.

어렵사리 살아온 삶에서 어찌 저토록 훤칠한 키에 강인하고 억센 몸으로 저리 유연한 몸동작이 나오는 걸까. 어쩌면 자신을 위로하는 유일한 통로였는지도 모른다. 하지만 바쁜 와중에도 즐길 줄을 알았던 것이다.

저 흰 장갑의 손놀림은 무엇을 의미하는가. 참으로 눈부시며 또 다른 이색적인 풍경일 수밖에 없다. 자연도 시간의 흐름 앞에 순수하게 변화하는 모습을 보여주며 그에 걸맞은 여유와 참된 모습을 연출하는 감동이다.

억새능선을 오르다 참버들나무 아래 천년수 궁예의 약수를 만난다. 패망의 원통함에 궁예의 눈물이 고이듯 하였다는데 천년을 견뎌내기에는 버거웠던지 그 눈물마저 말라가며 이제는 그마저 옛 영화에 그치나 보다.

미로 같은 억새밭에 빠져 한동안 헤매다가 벗어나 능선에 오른다. 한눈에 들어오는 억새의 군락은 일탈이 없는 일사불란한 군사들의 몸짓 같다. 소리  없는 다짐에서 함성으로 자신을 뜨겁게 달구고 있는 모습이다.

누가 억새를 보고 줏대도 없이 비굴하다고 하겠는가. 누가 억새를 보고 연약하다고 하겠는가. 봄날에 초원이던 것이 여름햇살에 담금질하다가 비로소 가을날 다듬어진 실체를 드러내며 탄성을 자아내게 하지를 않는가.

비록 척박한 곳에서 어렵게 자랐어도 끝내는 많은 사람의 관심을 끌며 아름다운 모습으로 남지를 않는가. 불굴의 정신에 숙명으로 받아들이며 자신도 남도 탓하지 않고 이웃을 넘보거나 시시비비로 헐뜯지를 않는다.

스스로 높이고 억지로 드러내려고 해서 되는 것이 아니다. 관심 밖에서 묵묵히 외로운 길을 꿋꿋이 견뎌낸 보상이고 이뤄낸 성과에 대한 크나큰 박수인 셈이다. 미처 생각지 못했다 얻는 일이기에 더 큰 감명을 준다.

고구려의 후예를 자처하며 중원의 철원에 태봉국을 세웠던 궁예가 초심을 잃고 방탕한 생활을 하였다. 불안한 말년에는 절대 권력을 남발하며 독심술까지 들먹거려 문무백관까지 괴롭히고 백성의 신뢰를 잃어갔다.

끝내 신임하던 왕건에게 뒤통수 맞고 질긴 목숨 쫓기다 18년 뒤늦은 눈물을 왈칵 쏟아내며 한 서린 울음산이다. 눈물은 천년수(千年水)의 궁예약수로 정화되어서 길손의 목을 축였으나 그마저 수명을 다 하였던가.

물길은 억새밭에 잦아들어서 바닥이 났어도 다툼은 아직 끝나지 않았는지 산자락 저 많은 억새는 미련이 남은 궁예의 한을 안고 환생한 병사로 병정놀이 하는지 서걱서걱 군화소리에 탄약냄새 풀풀 묻어나지 싶다.

능선에서 잠시 발걸음을 멈춘다. 한 쪽은 눈동자 같은 산정호수에 산자락이 아주 곱게 단풍으로 물들어 가고 있다. 즐거움이 넘쳐나도록 웅성거리는 소리가 계곡을 타고 올라 살맛나는 세상으로 눈과 귀가 모아진다.

다른 한 쪽은 군사보호시설구역에 사격장 타켓이며 군사도로가 허옇게 드러나고 사람이라고는 보이지 않는 황폐한 지역 같은 삭막함이 감돈다. 보이지 않는 눈이 곳곳에 숨어서 포성에 탄약냄새가 피어오른다.

마치 전쟁과 평화의 접경지대를 걷고 있는 듯 씁쓸한 마음이 스치기도 한다. 억새는 이삭이 훑이면서 서둘러 겨울준비를 하고 있다. 계곡에는 핏빛보다 더 섬뜩하리만치 선명한 빛깔의 단풍이 불길을 당기고 있다.

산에서 내려오는 길목에 억새가 흔들리고 있다. 산상에서 무리를 지어 있는 모습도 좋지만 때로는 길가에 모여 있는 모습도 아름답구나. 오고 가는 가을에 이것저것 소식을 바쁘게 수신호라도 하고 있었던 모양이다.

지나는 부드러운 바람과 장난도 치고 혹은 화난 듯이 강하게 안하무인처럼 밀쳐대는 바람에 시달리기도 하고 가끔은 하늘을 올려다보기도 하고 어쩌다 지나가는 행인을 물끄러미 바라보며 무료함을 달랬었나 보다.

억새는 가을의 한 구석에서 자신이 가을임을 알듯 스스로 즐기고 있었던 거다. 때로는 손을 흔들기도 하고 꼿꼿이 벌을 서듯 햇살을 받아가며 때로는 이웃과 수화하며 외로움을 이겨내는 법을 터득하고 있었던 것이다. 〈2012. 10. 09〉

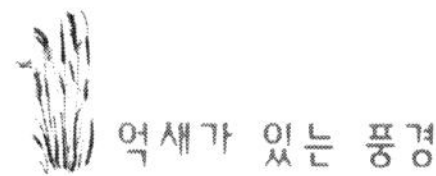


# 사자평

여름이면 무성한 풀밭
초록빛에서
가을이면 은빛 춤사위
은빛이다가
겨울이면 농익은 대궁
금빛이지만
눈치껏 살아남기 위한
발버둥이니
멋쟁이가 아닌 못난이.
— 억새의 노래

지난해 그 억새가 올해도 같은 억새로 보이지만 억새는 일 년이면 사실상 모두 물갈이 된다. 더 살아보겠다고 발버둥치지 않고 자연의 순리를 따를 줄 안다. 그들 사이에 앞서거니 뒤서거니 하지 않고 모두가 동등하다.

억새는 다년생 풀이다. 저렇게 꿋꿋하니 여유롭게 보이는 억새지만 자신의 후대에게는 더없이 엄격하다. 새봄이 되면서 같은 그루터기에서 새싹이 올라오면 볼품없이 일그러지고 쓸데없는 묵은 대궁은 자리를 비켜선다.

끝내는 썩어서 한 줌 밑거름이 된다. 그렇게 세대교체가 자연스러우면서도 조용하게 이루어진다. 그러면 더 무성하게 자라나고 뿌리는 촘촘하게 영역을 넓혀간다. 여기에 억새들끼리 달리 불만이나 다툼이 있을 수 없다.

억새의 솜털은 햇빛을 받아 은빛으로 반짝거린다. 햇살이 머리 위에서보다는 사선으로 비칠 때가 더 황홀하다. 여기에 살랑거리는 바람까지 거들어 쉼 없이 출렁거리면 마음까지 일렁거려서 아주 환상적일 수밖에 없다.

단풍의 겉모습이 화려함을 보여준다면 억새는 쓸쓸하고 애잔한 느낌을 주지만 가을로 접어들며 시작된 억새는 겨울이 깊어질 때까지 이어진다. 바람에 솜털을 날리며 물결치는 억새의 바다가 주는 감동은 자못 크다.

억새도 끝내는 단풍이 든다. 꽃씨가 농익어 바람에 훑어나가고 빈 대궁만 남으면 잎과 함께 점점 붉은 빛깔에서 겨울을 나면서 금빛으로 변한다. 멀리서 바라보면 마치 금잔디 같기도 하다. 또 한 번의 변신인 셈이다.

억새가 산상에 모여 음악회를 열고 있다. 신바람 가을노래를 부른다. 누구든 짬이 나면 오란다. 좀은 서툴러도 한 번쯤은 보란다. 파란 하늘이 휘청휘청 춤사위 억새의 노래를 듣는다. 발걸음 가뿐가뿐 산길을 걷는다.

금년 가을에 나의 화두는 억새다. 억새가 마음속에 아예 들어앉고 바람 되어 따라온다. 망개나무열매가 빨갛게 익고 마음도 붉게 물들어 간다. 억새나 갈대는 벼과에 속하는 다년생 풀이지만 같은 듯이 다른 점이 많다.

억새는 속이 빈 갈대와 달리 대궁이 꽉 찼다. 억새는 자주색 혹은 황갈색이고 갈대는 갈색이다. 억새와 갈대는 무리지어 자생하지만 억새는 산이나 들에 가야 보기 쉽고 갈대는 냇가나 갯벌에 가면 흔히 볼 수 있다.

사자평 오르는 길목 해발 850m 지점에 고사리분교(산동초등학교 사자평분교)다. 고사리 같은 손이 억센 팔뚝이 되어 산자락을 지켰지만 1997년 모두 철거되고 이제는 억새꽃보다도 썰렁한 옛이야기 빈터가 되었다.

흔히 사자평이라면 고사리분교에서부터 재약산 수미봉(1018)에 이르는 125만여 평 드넓은 억새밭을 말한다. 비록 집단군락을 이루고 있지는 않아도 햇살을 받고 낭창거리는 억새의 물결은 온통 은빛으로 감돈다.

영남알프스는 천 미터 넘는 봉우리가 자그마치 일곱 개나 있을 만큼 험준한 곳이다. 그러나 억새는 아랑곳 않고 이곳에 보금자리를 틀었다. 특히 신불산, 간월재, 천황산은 가을이면 억새능선이라 해도 좋을 만하다.

어찌 보면 바람과 억새는 불가분의 관계인지도 모른다. 봄부터 바람이 억새를 키우면서도 끝내는 억새를 괴롭히는 것이 바람이기도 하지만 또 바람 속에서 억새는 군무를 추면서 신바람이 나고 황홀경에 빠져든다.

사자평은 여의도보다도 더 넓은 우리나라 최대 억새군락지로 손꼽히고 있다. 그러나 최대라는 말이 항상 좋은 것만은 아닐 것이다. 떠벌리기보다는 좀은 조용하면서 아늑한 분위기를 선호하는 사람들도 종종 있다.

저 아래 층층폭포를 거쳐 계곡을 건노라면 한 폭 화려한 그림을 만들어내는 단풍과 다른 색깔의 분위기지만 햇살을 받고 은빛물결을 이루는 소박한 억새의 춤사위가 오버랩 되며 가을날 정취를 물씬 맛볼 수 있다.

가을에는 개성에 따라서 화려함을 좋아한다면 단풍이 먼저 떠오르고 조용하니 생각에 잠기려면 억새가 스쳐가기도 한다. 화려함과 수수함은 어디에다 초점을 맞추느냐에 차이로 평가도 달라질 수밖에는 없을 것이다.

늦가을 바람에 우수수 떨어지는 낙엽은 화려함 뒤에 나뒹구는 허무와 애수가 담겨있기도 하다. 이에 비해 몰아치는 바람에 씰룩거리며 무너질 듯 꼬장꼬장 일어서는 억새의 강인한 모습은 민초의 모습이기도 하다.

이렇게 소박함과 화려함이라는 두 얼굴이지만 억새와 단풍은 가을을 가을답게 하고 있다. 물론 바람 못지않게 햇살의 힘이 아주 크다. 억새밭의 햇살과 단풍에 쏟아지는 햇살은 분위기를 한층 고조시키기 때문이다. 〈2012. 10. 25〉

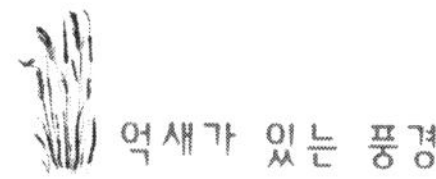


# 계족산

하늘은 푸른 물결
햇빛 뚝뚝
세상을 밝히고.
들녘은 황금 물결
땀물 뚝뚝
농심을 채우고.
산상은 억새 물결
은빛 뚝뚝
산야를 뒤덮고.
— 억새꽃 가을

같은 영화라도 좋은 극장에서 법석을 떨어가며 보아야 더 신바람 나지 싶다. 영화 그 자체는 같을지라도 분위기가 다르다. 억새도 외돌아진 곳에서 혼자 보는 것보다는 널리 이름이 난 곳에서 함께 보아야 제 맛이 난다.

그러고 보면 사람은 외로움을 많이 타는가 보다. 쓸쓸함에서 빨리 벗어나고 싶은가 보다. 함께 어우렁더우렁 즐기고 싶은가 보다. 어울릴 때 더 빛이 나고 그 존재가치가 상승되는가 보다. 그래서 자신을 드러내고 뽐낸다.

하지만 억새 그 자체는 누구를 보여주기 위해서 치장을 하는 것이 아니라 그냥 일상의 모습 그대로 일 것이다. 자신의 입맛대로 보고 느끼면서 말하는 것이다. 다만 보는 사람의 입장에서만 이러쿵저러쿵하는 것일 것이다.

산길을 오르는 작은 방죽 둑에 억새가 많이 피었다. 아침햇살에 눈부시게 은빛으로 출렁거리고 있다. 한동안 바라보는 마음도 함께 반짝이고 있다. 그 밑에서 낚시하는 사람들의 모습이 정말 세월을 낚고 있고나 싶어진다.

봉황정을 거쳐 계족산성에 다다른다. 입구에 억새의 표정은 대전 시민만을 위한 눈빛이나 손짓만은 아니다. 그 속에 억새의 강인한 의지가 있고 강한 듯 부드러운 자연의 몸짓이 배어있고 가을을 담고서 길손을 맞이한다.

붉어진 대궁에 하얀 머리털 같이 나부낌은 그 얼마나 노숙하니 산전수전에 무모한 다툼이나 과도한 욕심까지 모두 섭렵하여 거머쥔 듯하고 또 모두를 기꺼이 비운 듯이 홀가분하니 그 얼마나 편안함으로 다가 서는가.

계족산성은 백제의 산성이다. 백제가 멸망하고 천 년이 흘렀어도 같은 민족이니 다를 바가 없다. 억새가 일 년을 살다 죽어도 새순이 나오면 같은 뿌리이니 다름이 없다. 이처럼 뿌리가 있고 근원이 같아 전통을 만든다.

날씨가 아주 따끈따끈하다. 잘 다듬어진 성내에서 청순한 보랏빛 구절초를 보고, 멋쟁이 샛노란 들국화를 보고, 한 무더기 노숙한 은빛 억새를 본다. 뒤늦은 가을꽃에 꿀벌의 잉잉거리는 날갯짓이 농심만큼이나 바쁘다.

친구끼리 가족끼리 삼삼오오 소풍을 나와서 즐거운 시간을 펴놓고 담소하며 음식을 즐기고 있다. 시원한 바람이 햇살을 밀치며 지나간다. 산 밑으로는 하늘빛 닮은 짙푸른 대청호가 굽이굽이 산자락을 넘나들고 있다.

닭의 발을 닮았다는 계족산은 대전의 둘레를 이루는 산 중에 하나로 백제시대 축성한 계족산성이 그동안 허물어졌던 것을 몇 년 전에 복원하였다. 그 외에 작은 성들이 많이 있으나 알아보기 힘들만큼 방치되어 아쉽다.

산줄기 타고 가는 길, 질현성에는 바깥세상이 너무 궁금한지 더는 참지를 못하고 진달래꽃이 분홍빛 꽃망울을 터뜨렸다. 상식을 벗어난 과감한 행동이다. 서두름인지 늦장인지 제철을 잊은 모험의 개척자인지 모르겠다.

억새도 그늘에 있으면 별 볼 일 없다. 그 강인한 모습은 보이지 않고 대궁도 꽃도 부실하여 실망스럽다. 걸쭉한 땅에서 몸만 키우기보다는 가뭄과 햇살과 바람과 빗물과 바람에 연신 시달리듯 담금질하여야 강해진다.

우리 인간도 마찬가지일 것이다. 너무 지나친 보호만 받다보면 스스로 꿋꿋이 서질 못한다. 사서 고생이란 말처럼 한 무더기 억새들이 온갖 시달림을 이겨낸 당당함처럼 그렇게 부딪치며 홀로서기 하여야 짱짱해진다.

대전대학교 기숙사 후원에 억새가 활짝 피었다. 그러나 인위적인 손길로 다듬어지고 보호받아 야성미가 떨어진다. 자연은 아무래도 있는 그대로에서 보고 느낄 때 자연으로서의 진면목을 맘껏 드러낼 수 있는 것이다. 〈2012. 10. 16〉

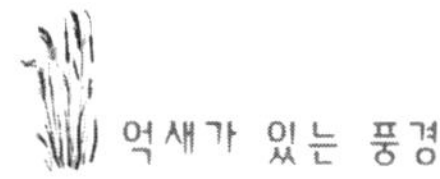


# 청량산

최치원, 김생, 이퇴계…
청량산에 일찍이 많은 문필가가 찾아들었다
원효대사, 의상대사…
이미 많은 스님이 수도하였고
홍건적을 피해
고려 공민왕은 피난지로 성을 쌓고
청량사 유리보전 글씰 남겼다
6.6봉 12봉우리는
낙타의 혹에 바위병풍을 두른 산수화 한 폭.
— **청량산 억새**

경북 봉화의 청량산에는 장인봉이 아우른 빼어난 봉우리 12개, 김생굴을 비롯한 8개의 동굴, 어풍대 등 12개의 대와 신라 문무왕 때 원효대사가 세운 청량사와 암자 및 아름다운 경관으로 볼거리가 산재해 있다.

청량산에 '바람이 소리를 만나면' 과연 어떻게 달라질까 하는 궁금증보다는 오늘은 '바람이 억새를 만나면' 또 '햇볕이 억새를 만나면'

과연 어떤 모습으로 변할까 하는 궁금증에서 현장을 보러가는 것이기도 하다.

청량산 남쪽 축융봉에는 고려 공민왕이 홍건적의 난을 피해 왔다가 쌓았다는 공민왕성터가 남아있다. 기이한 봉우리들이 모여 미로와 같은 산릉과 계곡을 이루고 있는 산 중에 산이니 피신처로 적격이었을 것이다.

바람이 분다. 바람이 억새를 흔들고 있다. 아니다. 억새가 바람을 흔들고 있다. 산자락을 흔들고 하늘을 어질어질 흔들고 있다. 너무 불공평하다 화해하며 손을 마주잡고 덩실덩실 춤을 추고 있다. 한바탕 춤사위다.

구석구석 보초라도 서고 연병장에 출동준비 사열이라도 하려는가. 비록 퇴역한 장수로 노구지만 올해도 한 번쯤은 다녀갔는가. 장수는 병사의 마음을 읽을 줄 알고 사기를 진작시켜 초롱초롱한 눈빛을 지니게 한다.

어느 일에 갑자기 빠져들면 흔히 바람났나보다고 한다. 그 바람이 적당한 선에서 활력소가 될 수도 있다. 가을 억새가 바람과 만났다. 마구 흔들어댄다. 고꾸라질 듯 일어서 꼿꼿한 몸매를 되찾는 부드러움이 있다.

억새가 바람과 작당하고 역사에 공민왕까지 흔들려는가 보다. 홍건적이 억새를 병사로 여기고 기겁을 하여 달아나고 있다. 억새가 공민왕과 노국공주를 지키고 있다. 세상이 비로소 바로잡히며 평화로워지고 있다.

수풀이 얼굴 붉히듯이 서서히 꽃단장 단풍이 들고 계곡 건너 앞산 자락에 청량사 유리보전의 현판에 공민왕의 친필이 새겨졌다. 앞에 금탑봉이 활활 타올라 눈부시다. 금빛을 두른 단풍의 물결이다. 나무관세음보살.

숲을 보면 산을 못 보고 산을 보면 숲을 못 본다는 말이 얼핏 떠오른다. 잘 정비된 산성의 성곽과 데크길을 오르면서 잠시 되돌아보면 건너편에 바위를 병풍처럼 두른 늠름한 6.6봉에 청량사가 한눈에 들어온다.

주변은 단풍으로 채색된 그냥 한 폭의 그림일 수밖에 없다. 막상 저 안에 들어서면 저런 모습은 없고 험한 산길을 오르내리며 힘겨워도 그 속에 아찔한 기분이겠지만 전체를 가늠해보기에는 여기가 최상이지 싶다.

정상에 올라 조망하고 성곽 안쪽으로 하산하다 보면 동쪽 사면 양지바른 곳에 억새밭이 펼쳐진다. 활짝 피어 아침햇살과 함께 은빛으로 출렁거리는 모습은 또 다른 볼거리로 산성의 병사처럼 억새들이 가득하다.

단풍 속에서 억새를 찾고 억새 속에서 단풍을 보고 있는 것이다. '억새와 단풍이 만나면' 참으로 묘한 분위기다. 차분하니 성숙된 은빛 분위기에 아예 물감을 섞어서 뿌려놓은 듯 혼란스럽도록 황홀한 풍경이다.

공민왕당이 수풀에 가려져 그냥 지나치기 십상이다. 걸터앉기 좋을만한 좁은 툇마루에 한 평 남짓이지만 그마저 자물통에 굳게 닫혔다. 650년 세월이 허허로울 뿐이다. 곁에 쌍둥이 같은 산신당이 말벗을 하는가 보다.

응진전을 찾아서 16나한과 함께 모셔진 노국대장공주를 만나고 금탑봉의 허리춤에 있는 총명수, 어풍대를 거쳐 청량사로 갔다. 공민왕의 친필이라는 법당 '유리보전(琉璃寶殿)' 현판에서 역사의 아쉬움을 달래본다.

건너다보이는 축융봉 자락은 조금 전에 그곳에서 나왔는데 이곳보다 저리 아름다울 수가. 자연은 역지사지 하여도 아름답기만 하구나. 전통찻집인 안심당에서 화두 같은 '바람이 소리를 만나면'을 되새김질 해본다.

절문을 나선다. 청량산은 스님에게는 수도하는 도량으로 학자는 학문을 닦는 곳으로 난세에는 피난을 할 만큼 주변이 산으로 둘러친 오지다. 단풍나들이로 법석을 떤다. 밭둑 논둑 산모롱이에서 억새가 출렁거린다. 〈2012. 10. 21〉

# 주왕산

깊고도 깊은 산 속 학소대에 둥지 튼
백학 청학은 오간 데 없어도
우리는 널 그리워한다
높고도 푸른 하늘을 날아올라
고고했을 모습 손 흔든다
흰 구름 한 덩이 마주친 눈빛
파르르 떨리는 억새 몸짓
가을이 점점 깊어 가고 있다.
학소대 한 번 하늘 한 번 올려다본다.
— 학소대 억새

청송의 주왕산을 오가는 길가에 어쩐 사과밭이 그리 많은지. 청송 사과가 새빨갛게 익어 단물이 뚝뚝 떨어지고 있다. 억새가 길가까지 늘어서 길손을 맞이하고 배웅하느라 허옇게 머리털이 쇠도록 바쁜 나날이다.

산문에 드니 바람을 타고 비가 내린다. 아니다 단풍잎 휘날리는 단풍비다. 새가 훨훨 날아오른다. 아니다 단풍잎 쏟아지는 단풍잎새다. 자갈길 돌바닥에 곱디고운 카펫을 깔았다. 아니다 울긋불긋 단풍잎카펫이다.

앞을 보고 뒤를 보고 왼쪽 오른쪽 사방팔방을 둘러봐도 단풍이 절정으로 치닫고 있다. 여기 보고 저기 보고 무엇을 보아도 그냥 희희낙락이니 너도 좋고 나도 좋고 얼씨구나 모처럼 그림 같은 참 좋은 세상이다.

제1폭포에서 학소대, 시루봉, 병풍바위, 급수대, 연화봉으로 이어지는 암봉은 보기 드물게 불쑥불쑥 솟아서 이국적인 풍경을 빚어내며 사람들로 붐빈다. 고개를 쳐들고 올려다보며 잠시 벌어진 입 다물지 못한다.

시월 가을비로는 많은 양이 왔다는데 이곳은 그렇지 않다. 누구는 손자의 오줌발보다도 못할 만큼이지 싶다니 옥에 티다. 이왕 선심 쓰는 거였으면 물을 만나 맺은 인연 폭포가 위용을 떨쳤어야 하는데 좀은 아쉽다.

물은 같은 듯 연신 새물이 흘러내리고 나무는 같은 듯 나이테를 늘리고 사람도 같은 듯 다른 사람들이다. 하지만 저 절벽에 바위만은 이끼에 바위옷이 두툼해졌는지 몰라도 아무튼 작년에 보던 그 모습 그대로다.

우리의 역사 반만 년이 채 안 되는데 한반도에 공룡이 뛰놀던 칠천만 년 전에 화산이 폭발하며 용암이 풍화되어 만들어진 작품이다. 앞으로도 저 모습은 유구할 텐데 유한한 목숨이 더 어리광을 피우고 있는 것이다.

주왕굴은 협곡 절벽에 조그맣다. 가물었는데도 예나 다름없이 신기하게도 낙수처럼 물이 흘러내린다. 여기에 숨어살면서 저 물을 받아 세수하다가 화살 맞고 운명하였다지. 바람이 물줄기를 펼쳐 장막을 만든다.

푸른 소나무 숲과 깎아지른 암벽과 요상한 바위에 연신 속이 후련하도록 쏟아내며 고래고래 소리를 내지르는 폭포에 단맛을 듬뿍 담은 사과며 대추에 새벽 물안개 털어내고 깨어나는 주산지를 품은 주왕산이다.

계곡이 너무 좋아 푸름이 너무 좋아 바위가 너무 좋아 폭포가 너무 좋아 단풍이 너무 좋아 산세가 너무 좋아서 볼거리가 많다고 수없이 사람들이 주왕 호칭을 부르며 멀리서 가까이서 봄 여름 가을 겨울 내내 찾아든다.

그 속에서 노닐다 세상사 놓고 있었다. 여기 기웃 저기 기웃거리기도 하고 주왕의 전설을 읽으면서 최후 은거지로 초라하기 그지없는 동굴까지 더듬거려 보았는데 〔주왕〕 그 이름만은 지금껏 죽지 않고 살아있다.

그러하니 억새가 기대치보다 다소 어긋나 부족하면 어떠냐. 다소 철이 이르거나 늦으면 어떠냐. 보고 느끼고 즐길 만큼만 있으면 된다. 그 속에서 자연을 찾고 맛깔스러움을 찾고 마음을 받아줄 수 있으면 된다.

억새는 여러 해를 산다고 나무가 될 수 없고 매 년 새순이 나와 대궁을 만들어도 나이테는 만들 수 없다. 억새는 풀일 뿐이다. 나무를 흉내내거나 부러워할 필요 없다. 풀로서 개성과 특성에 맞게 살아야 한다.

그것이 운명이고 숙명이다. 아무리 발버둥쳐도 고치거나 바꿀 수 있는 것이 있고 고치거나 바꿀 수 없는 것이 있다. 바로 분수를 알아야 한다. 꿋꿋한 자세와 모습으로 종족을 보존하며 열심히 살아가는 거다.

단풍에 비하면 초라해 보일 수밖에 없는 억새지만 뭔가 마음을 흔드는 것이 있다. 남들이 현란한 단풍에 푹 빠져 있을 때 난 뒤안길에서 꾸밈없이 순수한 억새를 보며 평범함 속에 비범함을 찾고 있었는지도 모른다.

마치 추석 무렵 재래시장에 몰린 사람들로 북적거리듯 수많은 사람들 행렬에 밀려 대전사까지 엉겁결에 왔다. 시음장서 장군봉을 바라보며 따끈한 국화꽃차 한 잔 음미하며 피로를 내려놓고 매표소를 빠져 나왔다. 〈2012. 10. 28〉

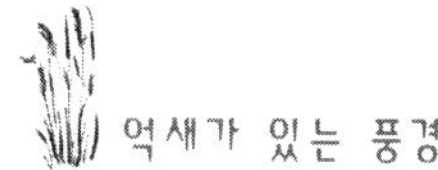


# 마실길

한꺼번에 산길을 거닐고
바닷길 걸었네
겨울날이지 싶다가
가을 날씨였네
변산반도 마실길에
마실을 나와서
바다를 바라보는데
산이 끼어들어
억새와 파도와 동행했네.

— 마실길 억새

늦가을에 국립공원 변산반도다. 바다가 있고 산이 있는 길을 간다. 충동적으로 부딪쳐 오다 하얗게 부서지는 파도를 본다. 깊 옆의 산자락에 늘어선 실버합창단 하얀 억새들의 멋진 손짓을 보면서 마실길을 간다.

「마실」은 충청도 이남에서 주로 쓰이는 「마을」의 방언으로 종종 「마실」 갔다 온다는 어른들의 말씀을 들어본 적이 있다. 잠깐 바람 쐬러 이웃집에 다녀온다는 의미로 받아들이면 될 것이니 마실길은 곧 마을길이다.

그 마실길이 천혜의 아름다운 산과 바다가 함께 어우러져 자연미가 돋보이는 부안의 변산반도 해안길에 이름이 붙여졌다. 이름만으로도 정겨움이 은연중 배어 있다 길손에게 시나브로 묻어나 그 값을 톡톡히 하고 있다.

변산해수욕장, 고사포해수욕장, 성천, 연꽃모양의 하섬, 적벽강, 격포해수욕장, 채석강 해안을 간다. 물 빠진 갯벌에는 수많은 사람들이 바다를 체험하고 있다. 포근한 날씨만큼 열심히 호미질에 바지락을 주워 담는다.

해안으로 내려가 모래펄을 걷기도 하고 너부죽한 바위들이 깔린 길을 가다 뚝 끊긴 절벽의 기이한 모습에 눈길을 주기도 한다. 다시 오솔길로 올라와 바다를 안을 듯 내려다보며 여기저기 출렁이는 억새와 함께 한다.

억새는 죽어도 죽지 않는다. 대궁은 일 년 동안 삶을 마감하며 서서히 세대교체에 들어가면서 삭아지지만 새봄에는 같은 뿌리에서 더 많은 대궁이 올라와서 온갖 고난을 다시 겪으며 풍성한 가을을 위한 준비를 한다.

억새는 비록 겉으로 드러나지 않지만 뿌리가 버팀목이 되어 종족을 번식하며 삶을 주도한다. 꼬장꼬장하고 비쩍 마른 듯싶어도 강단이 있어 쉬이 굴복하지 않는 근성을 지니고 있기에 바람과도 당당히 함께할 수 있다.

늦은 가을날까지 억새는 한낱 소모품이나 장식품이 아닌 당당한 주인공으로 살아간다. 세상에 태어나는 것은 마음대로 선택할 수 없는 숙명적인 것처럼 삶 또한 임의로 남에게 미루거나 바꿀 수 없는 숭고한 영역이다.

보아라! 산에는 억새가 신바람이 나서 하얗게 흔들리고 바다에는 우렁차게 파도가 밀려오며 하얗게 부서진다. 바다를 보고 억새를 보고 또 억새를 보고 하늘을 보면서 걷고 있다. 푸른 바다와 같은 푸른 하늘도 함께 한다.

시퍼런 물결이 하얗게 부서지며 바다로 오라고 고래고래 소리를 지른다. 이에 화답이라도 하듯 억새는 하얀 물결을 이루며 산으로 가자고 합창을 한다. 산과 바다 그리고 바다와 산은 같은 듯 각자의 길을 가고 있다.

저토록 다혈질적인 해변의 산자락이지만 적벽강을 돌고 채석강을 돌며 그 드러난 절벽은 켜켜이 쌓인 돌에 바닥은 책상이나 상바닥처럼 너부죽한 돌이 겹겹이 쌓였다. 한 치 앞을 모른다고 흙 속을 뉘라서 쉬이 알랴.

이처럼 우리네 삶도 지금의 모습만 보고서 이러쿵저러쿵 할 일이 아니다. 그동안 질곡의 늪에서 얼마나 눈물겨웠는지 모른다. 억새보다도 억세게 살았는지 모른다. 겉만 보고 쉽게 이렇다 저렇다 속단할 일이 아니다.

물이 빠진 바닷길 백사장을 걷는다. 그 위에 남겨진 무늬가 다양하니 참으로 아름답다. 끊임없이 물결을 쳐서 매초롬하게 바닥이 다듬어질 줄만 알았는데 다랑이논 같은 문양이라든지 물결만큼 다양한 흔적을 남겨놓았다.

미처 따라 나서지 못한 작은 생명체는 흙속에 파고들어 숨을 죽이고 있다. 호기심 많은 녀석은 그림을 그리듯 해독할 수 없는 불립문자로 구불구불 발자취 궤적을 남겼다. 저만큼 파도소리에 들물 시간을 재고 있을 터다.

이처럼 바다의 시간이 한가롭지 싶어도 정해진 시간을 따라 아주 분주하게 돌아간다. 오히려 육지의 시간이 여유를 부리며 태만한 것인지 좀은 느리터분하다. 그래도 억새와 파도가 서로 눈길 맞추며 하얗게 출렁출렁거린다.

저처럼 시퍼런 물결이 요란하니 쏜살같이 달려오다 해안에 하얗게 부서진다. 패기가 넘치며 찬바람이 일어서는 겨울이 있다면, 산자락에 하얗게 흔들리는 억새는 노련하고도 온후한 가을이 묻어있어 느긋하게 다가선다.

그런 바다에서 억새를 보고 가을을 본다. 그런 억새에서 바다를 보고 겨울을 본다. 마침내 바다와 억새 억새와 바다가 하나로 오버랩된다. 저 억새의 하얀 물결처럼 하얗게 부서진 물결처럼 머리가 하얗게 세어가고 있다.

이런 모습들이 순수한 자연이다. 격식이나 꾸밈이 없는 자연이 좋다. 심호흡을 해본다. 가슴에 바다가 들어서고 억새가 들어선다. 서로 맞잡고 껄껄껄, 한바탕 끌어안고 춤이라도 추면서 파도처럼 일렁거려 보자고 한다. 〈2012. 11. 18〉

# 버드내

한적한 산속이 너무 적적해서 외로웠던가
냇둑 고수부지까지 내려와
갈대밭 비집더니
하얗게 피어난 억새물결 눈부시네
고고하니 세련된
출렁대는 부드러운 춤사위
누가 억센 녀석이라고만 하겠는가
메밀밭보다 환하게
가을을 흔들어 일렁일렁거리는 여유로움.

— 버드내 억새

유등천 버드내다리에서 뿌리공원으로 가고 있다. 하상산책로를 따라 가노라면 냇둑이 하얗게 물결을 이룬다. 억새가 만발하여 축제를 열고 있다. 그들만의 축제가 아니라 지나는 길손의 마음까지도 어질어질 흔든다.

굳이 누가 심지 않고 씨를 뿌리지 않아도 어디서 굴러왔는지 억새가 자릴 잡고 꿋꿋이 자라고 있다. 심지어 갈대밭을 비집고 들어가

밀쳐내고 의연한 모습을 보이는 것을 보면 갈대보다 더 강한 녀석임이 분명하다.

갈대는 뜻밖에 강적을 만나서 입지가 좁아지나 보다. 하나 둘 보이던 억새는 해가 바뀌며 저리 눈부시게 햇살의 지지를 받고 있다. 승리의 기쁨처럼 하얗게 깃발을 펄럭거리며 정복자로서 기쁨을 맘껏 누리고 있다.

보문산자락보다 오히려 더 많은 억새를 한눈에 볼 수 있다. 산에까지 올라가지 않더라도 손쉽게 만날 수 있어 많은 시민들이 즐길 수 있다. 억새의 물결에 동화되어 가을의 한 자락을 잡고 즐거움을 만끽하고 있다.

다소 그 밀도가 떨어지기는 하지만 누가 일부러 가꾸는 것보다 더 빠른 속도로 번져 억새밭으로 탈바꿈하고 있다. 사실 꽃이 피기 전까지만 해도 저리 억새가 많으리라고는 생각지 못했고 눈여겨보지도 않았었다.

하지만 정말 엄청난 번식력이다. 조직적이고도 공격적이며 기습적인 침투로 자리매김하고 있다. 그것도 외지거나 한적한 산속이 아닌 많은 시민의 하상공원 같은 산책로에서 공공연하게 이루어지고 있는 거다.

객관적인 입장에서 갈대의 좀은 침울하고도 가라앉은 듯한 분위기보다는 아무래도 밝고도 활짝 웃는 듯한 억새가 가을날 더 가슴에 담길 수밖에 없다. 가을이라는 특수한 분위기에 빠져들고 젖어들 수밖에 없다.

저녁 무렵에 쏟아지는 햇살을 안고 걷노라면 억새의 고고함이 묻어나는 한판 춤사위를 만나고 괜스레 어깨가 함께 으쓱거리며 마음까지 들썩거린다. 그 속에 경쾌한 음악도 흐르지 싶은 착각의 늪에 빠져든다.

도심에서 이런 분위기를 만나기는 그리 쉽지 않다. 옆으로는 맑은 버드내가 흘러내리고 자연의 어항을 들여다보듯 투명하여 물고기들이 유영하는 모습이 또한 잠시 발길을 묶어놓는다. 몇몇 태공의 모습도 보인다.

길을 따라가다 보면 어느새 효문화마을 장수마을이 나온다. 현수교를 건너 뿌리공원이다. 우리나라 아니 전 세계에서 유일하게 형태를 갖춘 공원이다. 뿌리 없는 나무가 있을까. 뿌리 없는 자식 조상 없는 후손이 있을까.

조상의 뿌리를 찾는 각 성씨의 파별 문중을 기리는 빗돌이 150여 기 가까이 세워져 있다. 자랑스러운 조상님의 업적을 되새겨도 보고 내가 누구인가를 생각하게 한다. 가을이 깊어가면서 다시 연륜을 보태고 있다.

억새는 억세다. 촘촘하니 튼튼한 뿌리는 주위에 잡목이나 잡풀을 퇴출시키며 자기네 종족끼리 씨족사회를 만들듯이 똘똘 뭉쳐서 자신들의 세상 군락을 이루며 살아간다. 감히 다른 것들이 끼어들 틈을 주지 않는다.

흩어지면 죽고 뭉쳐야만 살아남을 수 있음을 터득하였던 모양이다. 그만큼 더 존재가치를 인정받고 빛을 발하는 것이다. 함께 일궈

내는 공동체 의식이 강한 것이다. 서로가 서로를 격려하듯 의지하며 살아가는 억새다. 〈2012. 10. 20〉

# 주산지

주산지 맑은 물에 몸을 담근 왕버들
수목이 거울 보듯 들여다보니
물까지 단풍들었다
물안개 살포시 피어오르는
황홀한 풍경이지만
좀처럼 보여줄 수 없는 자존심에
기웃기웃 애타는데
순한 눈빛 부드러운 미소에서
알쏭달쏭한 몸짓 손을 흔드는 억새.

— 주산지 억새

시골길을 간다. 길가에서 밭둑, 논둑, 산모롱이에서 혹은 냇둑에 무더기 무더기 억새꽃이 활짝 피었다. '어서 오세요' 또 '안녕히 가세요' 길손에게 손을 흔들어 인사하는 듯 괜스레 마음 부듯하니 여행길 즐겁다.

행여, 너무 심각한 얼굴을 하고 있으면 보란 듯이 살아가는 것이 그리 쉽지 않지만 그렇다고 어려운 것만도 아니라고 한다. 고난은 이겨낼 수 있을 만큼만 찾아오는 것이니 슬기롭게 넘기면 좋은 일도 있을 거라고 한다.

이처럼 가을은 혼자 낯선 길을 가도 외롭지가 않다. 볼거리가 있고 이따금 다가와 속삭이는 것들도 있다. 그 중에도 억새의 모습을 놓칠 수가 없는 것이다. 바람과 햇볕과 억새가 만들어내는 풍경은 가히 일품이다.

이 좋은 가을날 억새라도 있으니 아니 좋은가. 억새 한 번 바라보고 하늘 한 번 쳐다본다. 여유와 낭만이 그려진다. 억새가 붓을 들어 하늘에 뭔가 그리고 쓸 것만 같다. 가을의 노래도 좋고 가을의 풍경도 괜찮다.

살짝 내 마음을 얹어 본다. 정말 아늑하니 편안하다. 이것이 가을의 또 다른 멋이고 맛이다. 억새가 흔들흔들 내 마음도 따라 흔들린다. 중간에 언제 왔는지 바람이 끼어든 것이다. 그래 한바탕 마음껏 흔들어 보렴.

파란 하늘이 휘청거리는 춤사위에 억새의 노래를 듣는다. 마음도 발걸음도 가뿐가뿐 길을 나선다. 억새의 한바탕 신바람 물결이 가물가물 바람 되어 따라온다. 망개나무 열매가 빨갛게 익고 마음도 붉게 물들어 간다.

산마다 울긋불긋 단풍으로 물들고 있다. 가을이 몸단장을 나선 것이다. 그도 잠시일 뿐 헤어지기 위한 수순에 들어간 것이다. 어쩌면 기쁨을 나누기보다는 떠나보내기 위한 의식으로 최후의 만찬이기도 할 것이다.

억새는 뭔가 너스레를 떨듯 싶은데 슬그머니 비껴간다. 눈치를 보는 것은 아닐 터다. 그냥 이대로 좋으니 춤이나 추면서 가을을 만끽하잖다. 그래, 네가 자진해서 풀어놓지 않는다면 그 누군들 어찌 할 수 있으랴.

하고 싶은 말이 있어도 때로는 참고 먹고 싶은 것이 있어도 때로는 참고 같이 하고 싶지 않은 자리 듣기 싫은 말을 들을 줄도 알며 뛰놀고 싶어도 때로는 참아내고 이겨내는 것이 또한 살아가는 현실이기도 하다.

주산지는 주왕산 곁에 계곡을 막은 저수지다. 거기에는 수령이 삼백 년을 훌쩍 넘는 노거수까지 30여 그루 왕버들이 터줏대감이다. 그중 몇 그루는 이미 죽거나 고목이 되어 흉측한 몰골을 그대로 드러내고 있다.

하지만 마음속 새빨간 청송사과와 샛노란 들국화와 하이얀 억새를 주변이나 둑에 배치하고 가을을 물씬 풍겨본다. 훌륭한 모델로 어우러져 주산지 새벽안개가 형상화하는 작품은 이국적이고 환상적일 수밖에 없다.

억새는 그런 분위기에 아주 걸맞도록 세련된 모습으로 귀티까지 자르르 흐르며 조연을 성실하게 해내고 있는 셈이다. 살랑살랑 온갖 몸짓에 춤을 추고 손짓까지 하면서 마음을 당기고 한 폭 그림을 만들어 내고 있다.

지난날은 그냥 잊어야 한다. 아픔도 지겨움도 상처까지 깨끗이 지워야 한다. 그래야 고통의 그물에서 벗어날 수 있다. 하늘을 보아라,

저리 높고 파랗잖은가. 나무를 보아라, 저리 고운 옷으로 바꿔 입지를 않았는가.

세상은 이제 가을로 접어들었다. 바람아, 나에게로 오렴아, 함께 춤추며 어화둥둥 즐겨나 보자꾸나. 햇볕아, 억새 모습 밝게 좀 비춰주렴. 억새가 당당한 모습으로 주위 푸나무들과 어울려 한 해를 갈무리하고 있다.

앞으로 옆으로 덩실덩실 유연한 춤사위 한 판에 산자락까지 흔들리고 있다. 그렇게 뻣뻣하던 몸뚱이 그 어디에 저런 부드러움을 간직하고 있었는지 알 수 없는 일이다. 세상사 어찌 사람만이 속이 깊다고 하겠는가.

살아있음에 흔들리지 않는 것이 어디 있으랴. 역설적으로 흔들리니까 살아있는 것이기도 하다. 다만 그 흔들림을 어떻게 견뎌낼 수 있느냐 하는 것이다. 더 나아가서 그 흔들림 속에 어떻게 중심을 잡을 수 있을까.

때로는 몸을 부딪치면 노랫소리처럼 되살아나 공감하게 하는 것이다. 억새는 바람에 흔들림을 거추장스러움에서 자신을 단련시켰고 끝내는 생활의 일부로 자연스럽게 받아들여 껴안고 함께 춤판까지 벌리고 있다.

세상 만물이 함께 어우러져 풍성한 가을을 만들고 또 구성원으로서 같이 즐길 수 있는 것이다. 그래서 가을이 넉넉하고 가을이 한 해를 마무리하는 계절로 한 해를 수확하고 감사하며 되돌아보게 하기도 하는 것이다. 〈2012. 10. 28〉

# 나들이

가을은 채우고 비우는 계절이다
넘실거리던 들녘을 비우며
고운 단풍을 지우고
내려놓는 욕심
비워서 다시 충만한
모두가 축복하며 받을 수 있는
한 해로 갈무리하고
여기 저기 억새의 손 흔듦
잔치한마당 마무리 짓는 폐회식.

— 폐회식 억새

시월 마지막 날이 가까워 길을 따라 물을 따라 하루쯤 그냥 발길이 닿는 대로 가본다. 가을에는 길을 나서 조금만 눈여겨보면 길목마다 억새가 있는 세상으로 손쉽게 억새를 볼 수 있어 새로운 볼거리가 될 수 있다.

벌써 가을도 저물어 가는지 단풍이 지고 억새가 지고 있다. 비가 조금 내리면서 온도가 떨어지고 서둘러 가을을 지우고 있다. 호남고

속도로 주변은 가을꽃으로 가꾸고 치장한 듯이 억새가 신바람 나게 출렁거린다.

금산사 입구 억새는 수도하는 승려처럼 조용조용한 중에도 선명한 눈빛을 드러낸다. 동학란 발상지였던 황토현 가는 길, 논둑 밭둑 산가에 억새는 옥양목 헐렁하게 입은 무지렁이처럼 한없이 순박해 보이기만 한다.

변산반도 바닷길은 파도가 끝내 하얗게 물결을 이루고 이에 질세라 함께 소리를 내지르며 달려들듯 억새가 하얗게 물결을 이룬다. 때로는 억새와 갈대가 뒤섞이고 뒤늦은 코스모스와 어우러지면서 가을을 장식한다.

새만금 초입에 보초의 눈망울 같은 억새를 따돌리고 아직은 어디가 바다이고 민물이 될지 가늠이 안될 만큼 갈라놓은 제방을 내닫는다. 군산의 선창가에도 향수가 남았는지 공터구석에 숨어서 억새가 손을 흔든다.

금강 둑에 억새가 옹기종기 모여 수많은 철새처럼 깃털을 비비며 맞대고 있다. 들녘은 이미 수확이 끝나고 가끔 시퍼런 김장밭만 쓸쓸하다. 그래도 억새는 길손에게 최선을 다하려는 듯 온갖 몸짓을 빠뜨리지 않는다.

살랑거리는 억새밭 너머로 올망졸망 햇살처럼 들어오는 빨간 감만 남은 감나무를 묵묵히 바라본다. 까치가 달려들어 함께 연출해내며 어울리는 풍경은 시골길을 더 정답게 만들면서 가을길을 지루하지 않게 한다.

억새가 때로는 속삭이기도 하고 수화하듯 부드러운 손짓에 잔잔한 미소처럼 보이다가도 때로는 과격한 몸짓으로 성난 시위대의 아우성이다가 열광하는 환호의 물결로 그때그때 짓는 표정은 사뭇 다양하게 드러낸다.

가을날 단순한 억새들이 주어진 환경과 함께 바람을 타고 흔들리는 모습일지 몰라도 받아들이는 마음에 따라서는 촐랑거리기도 하고 뭔가 진지하기도 하고 나를 향한 끊임없는 간절한 몸짓으로 다가서기도 한다.

억새는 가을의 억세고도 강직한 남자로 또 가을의 부드럽고 빼어난 춤꾼의 여인으로 오래도록 남아 기억될 것이다. 다시 가을이 되면 너를 찾아 서성일 것이다. 말하지 않고 굳이 듣고 보지 않아도 네 모습이 그려진다.

때로는 억새가 되고 싶다. 억새의 노래를 부르고 억새가 바람을 흔들고 하늘을 흔들 듯 흔들어 보고 싶다. 억새처럼 은빛물결을 이루고 출렁출렁 어깨춤을 추면서 흔들흔들 그냥 몸을 내맡기고 싶다. 햇살을 받고 싶다.

그냥 이러쿵저러쿵 할 뿐 억새를 흉내 내기도 쉽지 않다. 그만큼 공감하며 억새를 곱게 바라보는 것만도 대견할 뿐이다. 억새와 함께 있다고 함께 몸짓을 한다고 함께 소리를 지른다고 억새가 될 수 있는 것은 아니다. 〈2012. 10. 30〉

# 간이역

그냥 나그네가 되어 길을 나서본다
고향 품을 거닐듯
처음 가는 곳인데 낯설지 않아
은연중 멈춘 발길
유년의 그리움이 그 속에 있어
한 마리 나비로 날아오르며
타임머신 타본다
아직 풋내기 억새의 눈빛은
간이역쯤 여기면서 쉬어 가라 한다.

— 간이역 억새

너무 멀리 왔다고 걱정을 하지 말자. 너무 외진 곳이라고 염려를 하지 말자. 살아감에 잠시 돌아보는 쉼터라고 해도 좋을 것이다. 거창하시 않아 소용하게 머물 수 있으면 더욱 좋다.

지난여름 가뭄에 폭우에 태풍으로 그 어느 해보다도 견디기 힘든 홍역을 앓으며 망연자실 주저앉았던 풀들이 주섬주섬 일어서서 푸른 웃음을 내보이듯 새순 돋고 목대를 높이고 있다.

좀은 촌스러우며 비록 화려하지는 않아도 맨드라미 코스모스 과꽃 나팔꽃에 호박꽃까지 소박하니 구김살 없이 배시시 웃는 그 모습에서 더 청순하고 친밀감이 있어 한 발 다가서 본다.

어딘가 상처투성이로 다소 어수선하지 싶어도 나름대로 질서가 잡히고 언제 그런 험악스런 일이 있었는지 태연한 일상이다. 바쁠수록 느긋하게 돌아가라는 말처럼 쉼터에 걸터앉아 본다.

이제 가끔은 잠시 휴식을 취하면서 온 길을 돌아볼 필요가 있다. 오랜 도시생활에 젖어서 전원의 풍경이 다소 낯설어도 따가운 햇살이 남아있고 부드러운 바람 때문인가 정겹기만 하다.

높이 뜬 파란 하늘에 고추잠자리가 날고, 코스모스 너머에 훤칠한 키로 우뚝 선 해바라기가 빵끗거리며 노란 웃음이 흘러나오고 있다. 등이 굽은 붉은 소나무는 푸른 숨을 내쉬고 있다.

너무나 조용해서 바람이 이따금씩 노닐다 가고 있지만 저쪽에는 냇물이 흐르고 논밭도 보인다. 마른 수염에 배가 불룩한 옥수수에 벼이삭이 푹 숙이고 고추밭에 빨간 녀석들이 많다.

이런 저런 모습을 보고 있노라니 아주 외진 다른 세상에 와 있는 듯하다. 하지만 편안해진 가슴으로 넉넉해진다. 자지러질 듯이 말매미 울음소리로 가득 채우다가 멀리 멀리 잦아든다.

저기쯤 풀벌레 소리도 함께 들리고 있다. 방아깨비 한 마리가 앞에서 머뭇거린다. 이마는 훌렁 벗겨지고 큼직한 더듬이 한 쌍이 쫑긋 올라와 있다. 깡마른 다리는 유난히 길기도 하다.

뒷다리를 잡고 있으면 제멋에 겨워 촐랑거리는 모습에 '아침방아

찧어라, 저녁방아 찧어라' 하던, 어릴 적 생각이 문득 스치면서 웃음으로 번진다. 이런 작은 것 하나도 추억이 되었다.

새삼 돌아보니 정말 철없던 시절에 무척이나 괴롭혔던 일이다. 그러다가 다리 한 쪽이 뚝 끊어지면서 생명에 위협을 받기도 하였다. 뒤늦게나마 미안하다는 말을 슬그머니 풀어놓는다.

용서하는 것도 힘이 들지만 용서를 구하는 것도 쉽지는 않다. 그러나 서로가 배려하고 아끼며 더불어 함께 갈 수 있으면 더 좋을 것이다. 아무래도 용서보다 따스한 손길은 없을 것이다.

외딴 울타리에 무궁화꽃이 있고 참새가 드나든다. 조롱박이 주렁주렁 달렸다. 종일토록 오고 가는 사람은 드물어도 그림처럼 깔끔하게 단장을 해놓은 것을 보면 바지런한 주인일 것이다.

심심한지 까치가 어슬렁거리며 먹이를 찾고 있나 보다. 하늘에 흰 구름 한 점도 외로운가 보다. 한 곳에 머물지를 못하고 자꾸 어디로 가는 걸까? 그곳에 그리움이 있어 찾아가는 것일까?

똑같은 일을 똑같이 하고 있어도 행복에 겨워 감사하는 사람이 있는가 하면 뭔가 불만으로 가득 차 볼멘소리를 하는 사람이 있다. 그만큼 행복이라는 것은 마음가짐에 있기 때문일 것이다.

아무래도 보다 따스한 긍정적인 손길에 사리를 분별할 밝은 눈과 감사하는 마음으로 세상을 보고 읽으면 조금은 더 훙겨워지리라 믿어 오늘은 행복이라는 작은 간이역을 담아 보았다.

작은 하늘을 이고 있는 간이역에 다소곳이 앉아 지난 일을 되돌아보기도 하고 앞날을 그려보며 행복에 젖어보았다. 빈 거미줄에 바람만 드나드는데 거미는 어디 숨어 지켜보고 있을까.

저만큼 우쭐 자란 억새의 풋풋한 손길이다. 가끔 찾아와 느긋이 쉬어가라고 하고 있다. 아쉬운 만큼 그리워하라고 하고 있다. 허름하니 부족해도 간이역쯤으로 여겨보라고 하고 있다. 〈2012. 09. 05〉

# 3

# 매화산

온 세상 푸름으로 기득가득 채우더니
모두를 지우고 비우는 계절로
약속하도록 설치는 바람
억새는 느긋하니
서둘지 마라
내 뜻대로 하려니 기다리라고
때 되면 가는 길
왜 이리도 야단법석인가
주변 정리 느긋하게 내두르는 털이개.
— 매화산 억새

몇 차례 가을비가 내리고 차가워진 바람이 구석구석 겨울을 채근하며 돌아다니고 있다. 가을의 끝자락에서 겨울의 문턱을 오락가락한다. 계절을 긍정적으로 받아들이며 순응한다. 하루가 다르게 무너져 내리고 있다.

가야산 해인사의 맞은편 자락 매화산(남산제1봉)을 오른다. 갑자기 까마귀 몇 마리가 고래고래 소리를 지르며 날더니 청량사 입구 황산저수지 제방에 하얀 새들이 수없이 내려앉은 것처럼 억새꽃 하얗게 피어 펄럭인다.

억새는 주변에 단풍이 진다고 소란을 피워도 서두르지 않는다. 그렇다고 떠나야 하는 길을 거부하거나 미련이 남아 한정된 목숨을 연장해 보려고 발버둥치며 헛된 짓을 하는 것은 아닐 터다. 다만 서서히 가는 것이다.

청량사의 광배 같은 뒷산에 바위들이 범상치 않다. 통일신라시대 사찰의 오랜 역사를 입증이라도 하려는 듯 소나무가 용트림을 한다. 매화산에 오르도록 화강암을 깎고 다듬어서 세우고 쌓고 솜씨자랑을 펼치고 있다.

트랩을 오르듯 철계단 사다리를 오르고 때로는 아슬아슬 걸쳐진 공중다리를 건너 매화산(남산제1봉)에 오른다. 해인사가 화마로부터 벗어나기 위해 화기가 강한 이곳에 매년 소금단지를 묻어 팔만대장경을 지켜냈단다.

많은 바위들을 세우고 쌓은 남산 위에 소나무는 없다. 어린 갈참나무 몇 그루가 가야산 줄기를 마주보고 눈도장 찍으며 세찬 바람을 고스란히 맞고 있다. 단지봉으로 가는 길은 희한하도록 그 많던 바위들이 간 곳이 없다.

곳곳에 수십 년 소나무가 부러지고 수십 년 참나무가 송두리째 뿌리까지 뽑혀 길을 가로막고 있어 허들을 넘듯 하거나 우회를 한다. 하지만 억새는 유연한 감각이 있어 넘어져도 멀쩡하게 일어서서 야무지고 짱짱하다.

억새는 비바람에 넘어지면 발딱 일어선다. 일어설 수 없으면 마디마디 새순이 나오기도 한다. 혼자는 살아가기 힘들어 많든 적든 무리를 짓는다. 그래야 서로 의지가 되고 서로 부추기면서 쉬이 고난을 극복하나 보다.

억새는 강한 듯 부드럽고 부드러운 듯 강함을 겸한 몸짓을 지니고 있는 것이다. 그래서 허허벌판 같은 능선에서 온갖 세찬 바람을 수없이 맞고도 견뎌내는 것이다. 걸쭉한 곳보다 토박한 곳에 뿌리내려 몸을 단련한다.

억새는 바람과 맞서기보다는 바람을 먹고 살아가면서 바람과 함께 삶을 구상하는 것일 게다. 바람의 비위를 맞추며 같은 방향으로 눕는 시늉도 하고 함께 즐기기도 하며 자신의 몸뚱이를 은연중 튼튼하게 만들어 간다.

아무도 대신할 수 없는 것이 목숨이다. 한낱 풀인 억새가 주어진 환경에서 안간힘을 쓰는 것은 자신을 낮추거나 오로지 벗어나기 위함이 아닌 스스로 개척하면서 보다 나은 방향으로 자꾸 개선하려는 자기희생일 것이다.

그토록 뼈저리게 겪은 굴곡은 접어두고 완성되어 겉으로 드러난 모습만 보고 억새에게 박수를 보내고 있는 것은 아닌지. 과정이 무슨 대수냐고 그냥 지금 저 모습이 감동시킬 뿐이라고 하겠지만 쉽게 살아온 삶은 없다. 〈2012. 11. 10〉

# 금정산

부산의 진산으로 지킴이인 금정산
기슭 타고 뻗어나간 시가지
뱃고동 항구도시
멀리 오가는 배를 보며
살가운 손놀림에
뭔가 풀어놓을 듯 꿀꺽꿀꺽
끝내 참아 내는 인내심
억새처럼 참으면서 살아가는 거야
똘똘 뭉친 부산사나이 뚝심.

– 금정산 억새

예로부터 산정에 큰 돌이 있고 마르지 않는 금빛의 물이 있어 금색 어가 다섯 색깔 구름을 타고 하늘서 내려와 놀았다는 부산의 진산인 금정(金井)산이다. 발아래 시내가 있고 너머에 바다가 있어 억새가 바라보고 있다.

금정산(801m)은 주봉인 고당봉을 중심으로 북으로 장군봉 (727m)과 남으로 상계봉(638m)을 거쳐 성지곡 뒷산인 백양산(642m)까지 길게 이어지는 낙동정맥 최남단의 주산으로 힘차게 솟아올라서 범어사를 품고 있다.

일찍이 못된 왜구는 남해안과 낙동강 하구를 타고 올라와 끊임없이 괴롭혔다. 조선 숙종 때 동래온천 북쪽 4km 지점인 금정산에 18km여에 달하는 국내 최대의 산성을 쌓았으니 부산의 지킴이로 역할을 톡톡히 해냈다.

어디가 초소였을까. 순찰은 제대로 돌며 소임은 다 했을까? 경계태세에 밤낮이 따로 있을 수가 없고 시간을 미루거나 지체할 수 없다. 한순간의 일이므로 보초는 물론 순찰도 잠시 헛된 곳으로 눈을 돌려서는 아니 된다.

지난달 초에 북한 병사가 동부전선 GOP의 4m 높이 3중 철책을 불과 12분 만에 초소로 넘어와 귀순을 하였다. 「노크 귀순 사건」으로 거짓보고까지 하여 국민들은 근무의 허술함에 경악을 금치 못하며 논란을 불러왔다.

어쨌거나 군은 철통같은 경계태세로 국민에게 신뢰감을 주어야 한다. 또한 국민은 군에게 믿음으로 보답하여야 한다. 그러려면 근무수칙에 따라 한 치의 오차도 있어서는 아니 된다. 60년이 넘도록 남북이 대치하고 있다.

그런데 갈수록 개인주의의 팽배로 함께 더불어서 가기보다는 이기심만 넘쳐나고 있다. 막상 지켜야 할 의무는 적당히 얼버무리고 터놓아도 좋을 마음은 철저하게 닫고 있다. 자신만을 고집하며 자신만의 성을 쌓고 있다.

본래 외부로부터 보호하고 지키기 위해 가시적인 성을 쌓았다. 그런데 요즘은 마음의 성을 쌓고 굳게 닫고 있다. 옆에 누가 살고 있는지 무엇 하는 사람들인지 알 수가 없고 무슨 일이 벌어지고 있는지 그냥 무관심이다.

사람 속에서 섬이 되어가고 있다고 하였듯이 사람 속에서 성을 쌓고 있다. 아파트 담장은 허물어도 가장 가까워 같은 공간에서 숨을 쉰다고 할 수 있는 앞집에 윗집이며 아랫집이 굳게 마음의 성을 쌓아 단절되고 있다.

자신을 드러내지 않고 숨어들고 있다. 불필요한 간섭을 받는다고 여긴다. 좋은 점보다 불편한 점이 더 많다고 여긴다. 멀리 자연을 찾아 나서며 가까운 이웃에서는 점점 멀어지고 있다. 뭔가 불안을 안고 살아가고 있다.

그러다 보니 뒷전에서 못된 짓이나 상상을 초월하는 일들이 종종 벌어져 뒤늦게 혀를 차게 한다. 남에게 지고는 못 사는 성미로 겸손이나 양보는 어디 가고 큰소리만 팡팡 쳐대면서 얼굴 가죽이 두꺼워져 가고 있다.

억새는 다년생 풀이다. 그런데 나무처럼 아주 단단한 몸통에 대궁을 만든다. 그렇다고 먹음직스러운 열매가 달리는 것도 아니다. 어찌 보면 단지 일 년을 살아가면서 정말 눈물겹도록 처절하게 몸부림치고 있는 것이다.

그러나 억새는 굽히거나 구걸하는 모습을 보이지 않는다. 수시로 밀려드는 바람에게 시달림을 받으면서도 꼬장꼬장할 만큼 짱짱한 모습을 지녔다. 차라리 넘어뜨리고 부러뜨릴망정 까닭 없이 굽힐 수 없는 자존심이 있다.

아부하듯 끌려 다닐 수 없어 당당하고도 단호할 만큼 옹고집을 지녔지 싶기도 하다. 비록 일 년을 사는 줄기지만 줏대를 세울 줄 안다. 꿋꿋하게 살아남아서 스스로 지조를 지킬 수 있다는 본보기를 보여주고 있는 것이다.

때로는 억새가 잔잔한 미소에 세상을 관조하고 있다. 누군가를, 어딘가를 향해서 연신 손을 내젓듯이 흔들고 있다. 부산 앞바다를 내다보면서 마음을 뻗어가듯 자연의 모습 그대로 자유인처럼 유연하게 출렁거리고 있다.

부산시민은 금정산이 한없이 듬직하고 자랑스러워 사랑하며 끊임없이 찾아준다. 금정산은 부산의 지킴이 방패막이 역할을 톡톡하게 해낸다. 서로가 복된 일이다. 자연과 인간이 함께 어우러져 사시사철 기쁨을 만끽한다. 〈2012. 11. 15〉

# 월출산

월출산 바위 속에서 바위를 본다
그 속에서 나를 찾듯
너울너울 억새의 춤사위에서
내가 나를 찾고 있다
바위도 억새도 아닌 내가
웃고 있다
천황봉 보름달을 기다리면서
바위도 억새도
저리 태연해질 수가 있었나 보다.

— 월출산 억새

달이 뜬다 달이 뜬다/ 영암 고을에 둥근달이 뜬다/ 달이 뜬다 달이 뜬다/ 둥근둥근 달이 뜬다// 월출산 천왕봉에 보름달이 뜬다/ 아리랑 동동 쓰리랑 동동/ 에헤야 네헤야 어서와 데야/ 달보는 아리랑 임보는 아리랑.

언제 어디서 들어봐도 구수하게만 들려오는 영암아리랑이다. 한 발 한 발 월출산의 천황봉을 오른다. 뜬금없이 보름달을 보러가는 것이 아니다. 둥근 해를 맞으러 가는 것도 아니다. 그냥 달도 해도 아닌 산을 오른다.

설악산, 주왕산과 더불어 3대 악산으로 불릴 만큼 바위가 유난히도 많은 월출산이다. 바위가 많은 만큼 저마다 기이한 형상을 하고 있어 볼거리도 심심치 않다. 눈여겨보면 꼭 뭔가와 닮아 신기하게 보이기도 한다.

월출산에서는 구름다리와 바윗돌과 억새를 명물로 손꼽는다. 첫 번째 관문인 구름다리를 건넌다. 하늘로 오르는 사다리처럼 철계단을 반복해서 타고 오른다. 통천문을 들어서니 냉랭한 바위에 수염 같은 고드름이다.

천황봉에서 잠시 사방을 조망하지만 눈앞에 펼쳐지는 것은 오직 바위뿐이다. 그만큼 바위 속에 묻혀있지 싶도록 바위와 함께 행동해야 한다. 소위 남근바위와 음굴의 조화를 되뇌면서 구정봉에 움푹 파인 구덩이다.

아득한 절벽에 또는 바위를 살짝 돌아앉아 좀은 외롭게 핀 억새를 본다. 도망 나와서 숨어 사는 것이냐. 쫓겨나거나 유배되어 죗값을 치루고 있는 것이냐. 발 디딜 틈도 없지 싶은 곳으로 바라보기조차 민망하게 한다.

덤불에서 이파리는 이미 져버리고 삼삼오오 모여 얼굴이 새빨갛도록 빠끔히 내다보는 망개나무 열매와 눈길이 마주쳤다. 한 해의 삶을 앙금처럼 저 속에 응축시켜 놓았을 것이다. 좀 작지만 찔레나무 열매도 보인다.

억새는 그냥 살아남아야 한다는 본능으로 발버둥을 쳤을 것이다. 태어난 환경을 탓할 수도 탓할 일도 아니다. 그냥 살아갈 수 있다는 희망만 있어도 숱한 바람이나 장마쯤 거뜬히 딛고 일어서 저리 태연한 것이다.

달리 엉뚱한 욕심이 없으니 다툼도 없고 옥죄는 걸림돌에서 벗어나 자유로울 것이다. 그러니 어떤 척박한 여건이라도 거뜬하게 살아남았을 것이다. 그래도 구질구질하지 않게 반듯하니 깔끔한 외모를 간직하였다.

억새는 바람 불면 바람과 함께 움직여야 한다. 바람보다 앞서서 숙이는 시늉을 해야 바람이 쉽게 타고 넘는다. 바람이 지나가면 좀은 떨떠름해도 아무렇지 않은 척 꼿꼿이 일어서야 한다. 이제 엄살 아닌 습관이다.

가끔은 몹시 매운바람도 있지만 살살 만져주거나 가려운데 긁어주는 바람도 있다. 머뭇머뭇 몸을 잡고 스트레스 풀어주듯 한판 놀아주는 바람도 있다. 바람이라고 모두 괴롭히는 것이 아닌 기다려지는 때도 있다.

그런데 미왕재 억새는 목이 댕강댕강 참수된 것이냐. 아무리 눈 밖에 났어도 사형만은 안 돼. 노여운 짓 저질렀어도 저리 목을 분지른 나고 억새가 고분고분하게 굽실거릴 까닭 없다. 정말 독선적 심통 난 바람이다.

억새가 순응하다 반란이라도 저질렀던가. 저리 올곧게 살다보면 수없이 희생자가 나올 터지만 순교자처럼 제 갈 길을 갈 것이다. 짓

밟는 것으로 부족해 아예 목을 치다니 참으로 끔찍스러운 일방적 횡포일 뿐이다.

미왕재는 불탄 자리에 억새밭으로 명물이 되었지만 바람의 심술이 만만치 않다. 바람의 무법천지다. 아마도 저 아래 도갑사나 무위사 불심이 여기까지는 제대로 미치지 못했나 보다. 졸졸거리는 물길 따라 도갑사다. 〈2012. 11. 20〉

# 무등산

누가 일등이고 꼴찌인지 논하지 마라
잘나고 못나도 우리는 하나
입석대 깎아 세운 기둥
서석대 수정병풍
천 년 만 년 가도 변할 수 없듯
함께 더불어 살아가는 거다
백마능선, 장불재, 중봉
어화 둥둥 어화
가을 억새밭 덩실덩실 춤사위 한마당.
– 무등산 억새

화순의 둔병재에서 가파른 산길을 올라서니 안양산이다. 대뜸 시원한 바람과 함께 떡 벌어진 어깨를 늠름하게 펼친 무등산 정상이 확 들어온다. 군사시설물까지 함께 있어 좀은 이색하지만 민간에게 많이 개방하고 있다.

무등산은 광주뿐 아니라 담양 화순까지 아우르며 높이 치솟아 그 높이를 헤아릴 수 없어 견줄 만한 상대가 없으니 굳이 등급을 따질 필요가 없다는 호남의 진산이다. 여기서는 굳이 일등이다 꼴찌다 등급을 논하지 말자.

저 무등의 정상에 오르려면 왼쪽 백마능선에서 백마를 타고 넘어야 한다. 온통 억새밭이다. 여름에는 시퍼런 억새로 초록말이었다가 가을날 억새가 하얗게 백마가 되었다. 겨울이 오면 누런 대궁에 금마가 될 것이다.

누렇게 농익어 대궁이 금빛으로 변해가고 있다. 아직껏 흰 꽃술이 남아 흔들린다. 백마를 타고 흰 깃털을 갈기처럼 휘날리며 내달리는 기분이다. 저물어가는 가을날 백마를 탄 왕자가 될 수는 없을까. 열심히 내닫는다.

억새는 꼿꼿한 자세를 흩뜨리지 않고 꽃을 피우며 가을을 즐기고 있다. 하지만 그 속을 잠시 들여다보면 결코 평탄치만은 않은 역경의 길을 걸어왔음을 간과할 수 없다. 그러나 그런 내색이라고는 하나 없는 고고함이다.

억새는 바람이 꽃술을 훑어내며 수없이 부대껴도 꺾이면 꺾였지 비굴하게 타협하며 사정하듯 무릎을 꿇지 않는다. 중심을 꽉 잡고서 줏대를 잃지 않고 더 당당하니 꼿꼿한 자세로 줄기와 잎은 누렇게 자신을 태워가고 있다.

화산이 치솟으며 용암이 흐르다가 식으면서 수축하여 생긴 바위들이 수천만 년을 거치면서 풍화되어 마치 5각8각으로 깎은 기둥처럼 서있다. 덜 풍화되어 병풍처럼 남아있는 것이 서석대로 흔치 않은 육상에 주상절리다.

이처럼 정교하게 깎은 돌기둥들이 튼튼하게 떠받들고 무등서서 하늘에 닿을 듯 천왕봉으로 솟았을 게다. 힘에 겨워 부서진 돌무더기처럼 너덜이 수없이 많다. 빗물조차 한 줌 모아두지를 못하고 바람이 거침없이 질주한다.

하지만 장불재를 중심으로 억새가 뒤덮었다. 무등산 옛길을 타고 내려와 중봉으로 간다. 10여 년 전만해도 군사시설물이 있었던 곳인데 모두 옮기고 복원하여 놓고 보니 여기에도 억새만 가득 들어찼다. 억새천국이 되었다.

무등산에 또 하나의 억새단지가 되었다. 나무는 단풍의 화려함을 포기하듯이 낙엽으로 아낌없이 지우고 빈가지가 되었다. 비워야 홀가분하고 자신을 돌아볼 수 있다는 것을 알까나. 그러나 억새는 아직 더 남아있어야 한다.

억새를 본다. 뻣뻣한 몸뚱이에 살 같은 살 한 점 없이 오직 뼈만 남아있어도 유연하니 우아한 춤사위로 한 때나마 만인의 눈길을 끌며 탄성을 자아내게 한다. 이 하나만으로도 그 존재 가치를 충분히 인정을 받은 셈이다.

아주 잔잔하다. 얼마나 감동스럽게 살아야 저리 태평할까. 욕심을 얼마만큼 내려놓고 얼마나 비워야 저리 편안할까나. 가진 것 없어 줄 것도 없다지만 이웃을 배려하듯 어떻게 하면 미소 같은 은은함이 묻어날 수 있을까. 〈2012. 11. 13〉

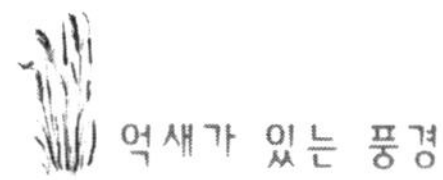


# 노인봉

백두대간 진고개서 노인봉을 오른다.
채 펼쳐보지도 못한 단풍은
훌쩍훌쩍 가랑비 젖어
마구잡이 짓궂은 바람에 시달리다
우수수수 낙엽이 되고
넘어질 듯 일어서는 억새는
수없이 반복된 담금질
타협 없는 꿋꿋한 건장함에
가을날 신데렐라로 떠오르는 억척이.
— 노인봉 억새

진고개서 왼쪽 도로를 건너 오르면 오대산 다섯 봉우리 중 하나인 동대산이다. 오른쪽은 오대산의 한 축인 노인봉으로 이어진 백두대간이다. 주말로 계절이 계절인 만큼 사람들이 길게 늘어서서 울긋불긋 오르고 있다.

좀은 냉랭한 날씨에 바람이 아주 세차게 몰아친다. 아침까지 비가 왔었는지 잔뜩 찌푸린 하늘로 으스스하다. 계절이 바뀌는 시기에 흔히 있는 현상이다. 신진세력과 구세력 간에 암투로 그 다툼의 언저리가 불거진다.

강원도 깊은 산속 산간벽지는 서리가 내리고 살얼음이 얼면서 가을에서 겨울로 넘어가려는 환절기다. 겨울을 빨리 현실화하고 싶은 진보세력과 가을을 조금이라도 더 지켜내며 버텨보려는 수구세력 간의 대 충돌이다.

안개비가 가랑비로 바뀌었다. 하나 둘 우의를 준비하며 술렁인다. 바람까지 세차게 몰아붙인다. 기세가 만만치 않다. 비행기 이착륙하는 소음, 기마병의 말달리는 함성, 기관총을 난사하듯이 공포의 분위기를 조성한다.

이제 막 타오를 듯싶은 단풍의 물결인데 태워보기도 전에 지우고 있다. 일 년을 준비한 이별의 한마당 축제인데 열어보지도 못하게 한다. 수많은 군중이 증인에 축하객으로 몰려드는데 마구잡이로 우우우 수수수 진다.

풀이 바람에 휘청거리다 다시 일어선다. 그 자리에 목을 길게 내민 억새가 있다. 이런 고약스런 날씨를 수없이 겪으며 이겨냈기에 그리 호들갑을 떨 만큼 대단치 않다는 표정이다. 그래서 자란 환경이나 경험이 중요하다.

세간에는 입으로만 떠벌리고 나불대며 그런 듯 현혹시키다 사기꾼으로 들통 나 끝내는 하루아침에 허무하게 무너지며 손가락질을 받는다. 때로는 있는 듯 없는 듯 관심 밖에 있다가 어느 순간 신데렐라가 되기도 한다.

아무리 다급한들 며칠 못 참으랴. 너무 야박스럽지 않은가. 누가 가는 계절을 막겠는가. 그렇다고 일방적으로 몰아쳐 재촉하면 준비가 덜 되어서 당혹스럽지 않은가. 참고 참았던 울분이 한꺼번에 터져 나오듯 쏟아진다.

메말랐던 이파리 꼭지에 빗물이 스며들고 요란하게 바람이 몰아치니 어찌 견뎌낼 수 있을까. 정상으로 올라갈수록 나무마다 잎을 다 털어 바닥에 깔아놓고 빈 가지만 남았다. 그래도 나무는 해마다 겪는 일이라 의연하다.

낙엽이 지고나면 알 몸통을 드러내며 좀은 달라지는 풍경들로 또 다른 감동을 준다. 상대적으로 소나무가 더 푸르러 보인다. 흰 자태를 뽐내는 자작나무 군락지가 품위 있는 신사처럼 인상적으로 한발 다가서기도 한다.

노인봉(1338m)은 정상이 기암괴석으로 멀리서 보면 바위가 꼭 노인의 하얀 머리와 같아 노인봉이라고 한다. 가랑비가 내리고 뿌연 안개까지 낀데다 몸뚱이가 휘청거리도록 세찬 바람이 몰아친다. 저 아래가 소금강이다.

산은 찾아올 때마다 다르게 다가선다. 마치 변화가 없는 중에도 변화가 있고 변화 속에도 변화가 없는 모습을 하고 있다. 어쩌면 아주 주관적인 생각에 치우쳐 자기중심적으로 보고 받아들이며 느끼기에 늘 가변적이다.

사실 겉만 포장할 일이 아니다. 겉만 보고 판단할 일도 아니다. 그 과정은 물론 뒷모습도 볼 일이다. 단풍나무가 어디 그렇게 주목받을 만한 나무였던가. 가을에 접어들어 화려한 단풍이 들면서 비로소 진가가 나타난다.

억새도 그런 면에서는 다름이 없다. 좀은 거칠고 억세게 산야에서 자라는 하나의 잡풀에 불과하였지만 가을이 되면서 꺾일 줄 모르는 그 꿋꿋함에 존재가치를 다시 눈여겨보게 된다. 미처 몰랐던 면면이 드러나게 된다. 〈2012. 10. 16〉

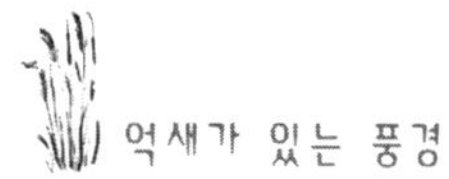


# 대부도

희끗희끗한 뒷모습 저녁노을을 바라보는 이여
서녘 하늘은 황홀하도록 붉게 타오르고
푸른 바다까지 곱게 물들어
축축하게 젖어드는 마음을 가누며
돌아올 수 없는 그리움으로
그리움을 그리워하듯
지난날은 주마등처럼 스쳐 가는데
살며시 흐르는 바람을 타고
은빛 물결로 출렁거리는 억새를 닮은 사람이여.

— 대부도 억새

텅 비워진 들녘에 산도 썰렁해지는 계절로 차가운 바람만 멋대로 드나드는데 길가에 억새는 호호백발이 되었어도 꼿꼿한 자세를 흩뜨리지 않고 이미지를 관리하는가. 마지막에 웃고 뒷모습이 아름다워야 한다고 했다.

어디 그뿐이랴 일일이 잔잔한 눈인사라도 나누고 온화한 모습에 손길을 흔들고 신바람이라도 돋우듯 출렁출렁 춤판을 벌리고 있다.

마지못해 하는 일이 아니기에 네 모습이 저리 편안하게 들어올 수 있는 것이 아니던가.

너도 이제 온 몸에 영양분을 거둔지 오래되고 물기마저 끊겨 빼빼 말라가며 힘에 부칠 텐데. 몸뚱이가 하루 다르게 검붉게 물들어 가도 자신보다는 마치 남을 위해 최후 공연을 하듯 능란한 몸놀림에 태평하기도 하구나.

대부 해솔길을 걷는다. 그 중에 첫 번째 길인 바다소리 해안둘레길을 걷는다. 해안은 내놓을 만큼 마땅한 볼거리가 없다. 잡석이 너저분하게 깔리고 갯벌이 멀리 뻗어나가서 간만의 차가 심함을 어렴풋이 느낄 수 있다.

대부도와 구봉도는 사이에 축대를 쌓아 연륙하여 하나가 되었고 또 대부도는 시화방조제로 시화호가 생겨나고 육지와 연결되면서 이제는 섬이랄 수 없게 되었다. 같은 시흥시 오이도는 매립되어 철강단지로 거듭났다.

이처럼 언제까지나 고립되고 혼자일 것 같아도 주위와 연계되고 어울리면서 전혀 새로운 모습으로 발돋움하고 있다. 혼자보다는 함께 할 때 변화의 폭은 그만큼 큰 것이다. 나는 지금 억새 속에서 새로움을 찾는다.

바람을 인고 해변을 걷고 산길을 걷는다. 대부 해솔길이다. 재방처럼 길쭉한 개미허리를 지나 아치교를 넘으면 또 하나 작은 섬으로 연결된다. 데크로 잘 다듬어진 길을 따라 맨 끝자락 구봉도 낙조전망대에 다다른다.

하얀 머리로 지나가는 바람을 받으며 잔잔한 은빛 물결을 이루듯 저녁노을을 넋 놓고 바라보고 있는 나그네여. 붉어진 하늘의 아름다움만큼이나 세월의 연륜이 물씬 묻어나고 있다. 당신의 뒷모습이 너무 아름답다.

무슨 생각에 잠겨 무엇을 가슴에 담고 있을까. 아니 지난날을 천천히 꺼내어 저 곱디고운 노을에 걸어놓고 돌아보고 있는지도 모른다. 평탄치만 않았던 나날이었지만 나쁘지도 않았다고 씁쓸하니 자위하는지 모른다.

저 바다는 때로는 으르렁거리며 출렁거리고 저 저녁노을은 이따금 구름에 가려서 보이지 않아도 내일이고 모레고 다시 훗날이면 저처럼 떠오를 수 있다. 하지만 인생은 한 번 가면 그뿐이라고 세상 탓할 일도 아니다.

시퍼렇게 뻗어나간 바다와 오른쪽에 홀로 떨어진 꼬깔섬이 들어온다. 군사시설물로 몇몇 초소가 있으나 평소에는 사용을 않는지 비어 있다. 보초로 나오는 초병은 저 바다만을 뚫어져라 응시하며 무슨 생각에 잠길까.

돌아 나오다가 해변에 우뚝 선 할매바위와 할아배바위를 만난다. 안면도 꽃지해수욕장에서처럼 고기잡이 나갔던 할아비와 기다리던 할미에 얽힌 이야기다. 안면도의 것이 웅장하다면 이곳은 초라한 모습일 뿐이다.

절개지는 푸석돌이지만 소나무들이 시퍼렇게 일어서고 있다. 조금만 비껴서면 좋은 흙에 아늑한데 하필 저런 악조건에서 살아보겠다고 발버둥치는 것인지 안쓰러워도 생동감 넘치고 삶의 애착에 경건함이 묻어난다.

하기야 태어나고 죽는 것은 그 누구도 마음대로 택하거나 정할 수는 없는 일이다. 다만 주어진 환경에서 처절할 만큼 모질도록 채찍질하며 딛고 일어서 개척하듯이 삶을 만들어 가고 보다 나은 길을 찾아가는 것이다. 〈2012. 11. 28〉

# 읍천항

수억 년을 경주 읍천항에 꼭꼭 숨겨둔
자연이 빚어낸 주상절리가 있다
장작더미 반듯반듯
눕고 일어선 사각 오각기둥
동해의 꽃 부채꼴해국
묻어나는 바람소리
하나하나 승화된 빼어난 예술품
파도소리길 주상절리 따라
허름한 언덕배기에서 깔깔거리는 억새.
— 읍천항 억새

그 많던 꽃은 지고 화려하던 단풍도 졌다. 좀은 허망함 속에 가을도 저물어가고 있다. 오로지 억새만이 더 노련한 모습으로 그나마 분위기를 마무리하듯 무더기무더기 활짝 웃는 얼굴로 은연중 한발 다가서고 있다.

생판 낯선 길목에서 길손에게 어디 이만큼 부드러우면서도 편안한 모습으로 다가올 수가 있을까. 주변에 모두를 떠나보내면서 뒤에 남아 조용조용히 깨끗하게 뒷정리를 하면서 매듭을 짓고 있기에 한층 돋보인다.

경주 양남면 읍천항이다. 조그마하니 조용한 포구다. 가파른 해안은 가무잡잡한 밤알 같은 자갈에 돌밭이다. 왼쪽에 말썽꾸러기인 월성원자력발전소가 보이고 오른쪽은 군사시설로 통제되다가 최근에 해제된 곳이다.

그동안 가려졌던 주상절리가 알려지면서 인기를 끌고 있다. 주상절리는 마그마에서 분출된 뜨거운 용암이 차가운 지표면과 접착하는 순간 빠르게 냉각되고 수축되면서 마치 가뭄에 논바닥처럼 쩍쩍 갈라지듯 한다.

오각형 혹은 육각형 모양의 틈인 절리(節理)가 생기고 기둥모양 주상(柱狀)의 틈인 주상절리가 된다. 국내는 제주도 서귀포 해안 대포주상절리, 포항 달전리주상절리, 광주 무등산 서석대주상절리를 꼽을 수 있다.

이곳 경주 양남면 읍천리 주상절리는 읍천항-주상절리-하서항-동화마을-읍천항을 왕복하는 3.4km 트레킹코스로 〔파도소리길 주상절리〕 라 명명하고 몽돌길, 야생화길, 등대길, 데크길 등 테마를 설정하여 놓았다.

특히 이곳 주상절리는 아주 독특하고도 다양하여 가로로 반듯하게 누웠는가 하면 부챗살 형태로 둥글게 펼쳐져 있고 수직으로 꼿꼿하게 서있는가 하면 비스듬히 기울어져 있어 마치 전시장과도 같은 느낌이 든다.

에메랄드빛 바다에서 하얗게 부서지는 바닷소리와 구슬 흐르듯 하는 바람소리를 함께 듣는다. 수천만 년 동안 한 자리에 서있기 겨웠든지 바닥에 누워있거나 부채꼴모양을 하고 꽃처럼 피어난 주상절리로 다양하다.

주상절리를 보는 순간 어찌 저토록 아름다울 수 있을까. 그냥 돌이 아닌 자연이 빚은 빼어난 예술품이다. 특히 부채꼴 주상절리는 '해국'이 바다에 곱게 핀 '동해의 꽃' 이라고 불릴 만큼 세계적으로도 희귀한 형태다.

귀를 열어 감미로운 음악소리 못지않은 파도소리와 해변을 걷는다. 눈을 들어 펼쳐진 용암이 만든 신비한 대자연의 구축물인 주상절리에 감탄이 절로 나온다. 부채꼴 주상절리서 쏟아진 바람이듯 시원하게 맞는다.

주상절리 꼭대기의 소나무는 어떤가. 신기함이 가득한 자연의 오묘한 결정체다. 해송은 아름드리로 자랐어도 끝내 누군가 그립기만 한지 하얗게 부서지는 바다만 하염없이 바라보면서 파편을 퍼즐로 맞추고 있다.

주상절리는 장작을 차곡차곡 쌓아놓았는가 하면 부챗살이 되기도 하고 듬직한 기둥이 되기도 한다. 출렁다리가 명물로 그곳을 건너가려면 바다까지 출렁거린다. 담장을 벽화로 장식한 어촌마을이 이채롭기만 하다.

억새는 언덕에서 이른 아침부터 저녁 늦도록 길손을 환영하고 배웅한다. 걸쭉하게 춤판을 벌이는 모습에서 새로움을 보게 된다. 늦

가을 꽃이나 단풍이 진 자리를 채우는 역할을 톡톡하게 해내는 독보적인 존재이다.

그래, 이제 지나간 것은 연연하는 아쉬움보다 추억에 담는 그리움인 것이다. 하늘에 붉게 젖은 노을이 아름답게 보이는 것처럼 그 삶도 결코 헛되지 않았음으로 입가에 파르르 떨리는 묘한 미소를 두르고 있는 것이다.

억새는 외로움을 승화시켜 즐길 줄 안다. 우리는 어느 날 갑자기 늙었다고 하거나 한계를 느낀다고 한다. 평소 준비가 덜된 무관심에서 기인한 것이다. 결국 자기관리가 제대로 되지 않았음이 드러난 자신의 부재이다.

허름한 언덕배기서 파도소리와 바람소리를 들으며 함께한 억새를 평소에는 그다지 눈여겨보지 않았다. 뒤늦게 화려하기보다는 수수한 모습에서 진정성이 보이는 것 같아 돋보이며 보고 다시 보아도 싫증나지 않는다. 〈2012. 10. 05〉

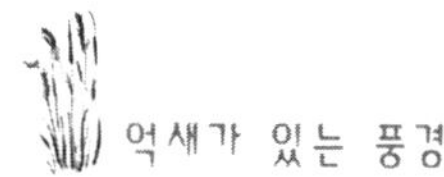


# 연화도

자그마한 섬이라 얕잡아보지 마세요
연꽃 닮은 빼어난 몸매
소매물도까지 들어오는 청정바다
사명대사가 수도한 토굴
용머리해안은 통영에서 으뜸명물
방목된 흑염소가 뛰놀고
그리움 같은 순수가 숨 쉬는 곳
까막까치 갈매기가 날며
짭짜름한 억새는 바다지킴이 불침번.

— 연화도 억새

배는 섬의 초라한 포구에 들어서고 갈매기가 현란하게 휘저으며 반갑게 맞는다. 조용한 섬마을에 우선 옥상마다 푸른 칠을 한 큼직한 통이 눈에 들어온다. 섬의 특성상 식수까지 물을 받아 저장하는데 필요한 용기다.

연화도는 통영시 욕지면으로 본섬인 욕지도 외에 일흔 한 개의 크고 작은 섬 중 하나다. 사명대사가 연화도 토굴서 수도를 하였는데 우연히 비구니인 누이 보은과 처 보월과 애인인 보련을 삼생인연으로 이곳에서 만났다.

그 후 사명대사와 다시 헤어졌지만 그들은 함께 수도하여 임진왜란 때 이순신 장군의 휘하에서 많은 공을 세운 자운선사로 불린다. 그들의 발자취는 연화도의 전설로 전해오며 보덕암과 연화사라는 두 개 사찰이 있다.

정상에 올라서면 섬은 한 눈에 들어올 만큼 작다. 사방팔방을 휘둘러본다. 또 다른 섬들이 울타리를 치고 있다. 그 속에 이 섬이 들어 앉아있는 모습이 마치 연꽃잎을 떠올리게 하여 연화도(蓮花島)라는 이름을 얻어냈다.

섬은 온갖 파도에 씻기면서 대부분 사방이 기암절벽으로 되어있다. 마치 용이 대양을 향해서 헤엄쳐 나가는 형상의 용머리는 통영팔경 중에서 으뜸으로 불리며 맨 앞의 외돌바위에서 이어진 모습은 경탄을 자아낸다.

토굴터를 지나 기슭에 5층으로 지어진 보덕암에 닿는다. 이곳에서 바라보는 용머리는 가히 절경이라 할 것이다. 그 너머로 소매물도가 있고 시퍼런 바다에 소금쟁이처럼 물살을 가르고 고깃배가 하얀 물길을 남긴다.

납작 엎드린 집은 원주민이 살던 곳이다. 좀은 초라하니 빈집 같은데 혹시 지금도 누군가 살고 있을까나 괜스레 궁금하다. 벼랑에 검은 염소들이 보인다. 바위에 나란히 앉아 짭짜름한 바닷소리를 즐기고 있나 보다.

큰 나무들이 별로 눈에 들어오지 않는다. 그도 잡목이 많은데 해송이 에이즈라 불리는 재선충에 걸렸나 보다. 외진 섬마을까지 이런 흉측스러운 일이 생겨났을까. 도막난 나무가 특수포장으로 격리된 흉측한 모습이다.

섬의 끝부분인 동두마을로 간다. 왼쪽 기슭에 무덤이 있다. 섬에서 태어나 끝내 섬을 벗어나지 못하고 이곳에 묻혔을 것이다. 끝자락 포구에 민박집이 있고 비록 몇 평에 지나지 않지만 작은 텃밭도 소중하게 일구었다.

까치와 까마귀가 좁은 땅에서 서로 영역다툼이라도 하는지 몹시 짖어댄다. 갈매기는 싸움을 말리는 것인지 붙이는 것인지 한 몫 거든다. 짧은 거리지만 관광객 유치에 투자하여 시멘트 포장으로 가끔 자동차가 질주한다.

닥쳐올 겨울이 걱정되는지 바다는 편히 쉬지를 못하고 연신 출렁거린다. 차가운 기운이 뭍으로 올라오고 있다. 몇몇 어부는 조금 남은 가을 햇살을 줍고 있지만 겨울을 이겨내고 봄날을 맞을 준비를 하고 있을 터다.

파란 하늘에 흰 구름 떠간다. 억새꽃이 하얗게 흩날린다. 가면 어디로 가는가. 내 마음은 왜 싣고 가려는가. 신바람 억새가 어깨를 출렁거린다. 바람아 더 세게 불어보아라. 훨훨 저 하늘에 구름처럼 날아나 보자구나.

아니야, 마음만 뒤숭숭하면 어쩔 거냐. 땡볕에 가뭄에 쩔쩔 매던 때가 언제였던가. 날마다 비가 온다고 파란 하늘 보고 싶어 얼마나 안달을 하였던가. 태풍에 넘어질듯 일어서 그냥 놓아주면 아무 욕심 없다 하였지.

벌써 잊어버렸나. 제 분수를 알아야지. 척박한 흙에 뿌리를 두었으면 그에 걸맞게 살아가야지. 그냥 오가는 길손에게 날아가는 새들에게 또 바다에게 손을 흔들고 바람과 어우러지면서도 아주 실속 있게 삶을 챙겨야지. 〈2012. 10. 15〉

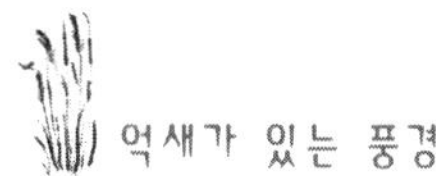


# 압해도

군청을 유치하고 스스로 맏이가 된 압해도
1004 아우 거느리기 분주하다
갯벌은 낙지잡이 청정지역은 김양식장
뭍에는 마늘밭 보리밭 무화과
어장과 농지가 더불어 바쁘다
바다도 기웃 농장도 기웃 관심도 많다
움직여야 한다 채근하는 억새
옹기종기 의좋게 모인 섬처럼
알콩달콩 제 맛나게 한번 잘 살아 보잖다.

—압해도 억새

신안군은 1969년 무안군에서 우리나라 섬의 30%에 가까운 1,004개의 섬만을 떼어내 목포에 군청을 두면서 생겨났다. 다시 섬 주민들은 지난해 행정구역 내인 압해도로 군청을 옮겨오면서 테마의 도시로 가꾸고 있다.

신안군은 천사의 섬이라고 대대적인 홍보를 하는데, 천사라면 얼핏 악마와 대칭이 되는 천사(天使)를 떠올리지만 여기서는 단지

1004개 섬으로 이루어진 신안군이란 숫자개념일 뿐으로 다소 씁쓸한 마음이 들기도 한다.

압해도를 비롯해 홍도 흑산도 가거도 지도 증도 임자도 비금도 도초도 하의도 만재도 암태도 자은도 등은 이미 낯설지 않으며 섬과 섬을 연결하는 연도교를 계속 설치해 서남쪽 다도해해상관광벨트로 형성되고 있다.

압해도는 목포와 불과 1.8km 거리로 최근 연륙교가 생겨나면서 배를 타고 건너던 뱃길은 끊기고 시내버스가 다니고 고속버스가 질주하면서 생활권이 육지나 다름이 없고 1004섬을 아우를 행정중심지로 거듭나고 있다.

섬의 척추인 송공봉에 오르면 목포는 물론 대불공단, 화원반도, 진도까지 들어온다. 멀리 가까이에 크고 작은 섬들이 올망졸망 들어선 천사의 섬을 바라볼 수 있다. 그림 같은 김양식장은 반듯반듯 대오를 갖추고 있다.

압해도(押海島)는 섬 전체가 삼면으로 퍼져 있는데 바다를 누르고 있는 형상이라 하여 붙여진 이름이다. 해변에서 굴을 따고 갯벌에서 낙지도 잡고 흔한 마늘밭 보리밭 무화과나무에 비릿한 갯내음이 온몸을 휘감는다.

송공산은 비록 나지막한 산이지만 목포에서 가장 가까운 섬이다 보니 바다와 뭍을 연결하는 길목에 삼국시대에 이미 축조한 성터까지 있는 것으로 보아 수많은 섬들의 선봉장으로 중요한 역할을 하였음이 분명하다.

송공산 중턱을 깎아 만든 둘레길을 산책하듯 돌며 팔각정에 선다. 바다는 수석 같은 섬에 군함 같은 섬이 떠 있고 건너에 유달산 철탑이 한눈에 들어온다. 편평한 지형인 이곳은 농민과 어부가 함께 땀방울을 흘린다.

저만큼 억새가 서있다. 살아있는 목숨으로 돌멩이처럼 가만히 있거나 나무토막처럼 있을 수는 없으니 자꾸 움직여 보라고 한다. 발이 묶여 옮겨 다닐 수 없으면 몸통이나 팔 같은 이파리라도 움직여 보라고 한다.

도저히 아니 된다고, 그렇게 할 수 없다고 자꾸 부정적인 생각보다는 하려고 하면 할 수 있고 될 수 있다고, 긍정적인 마음을 가져보라고 한다. 마지못해서가 아니라 서둘지 말고 자연스럽게 꾸준히 하라고 한다.

가만히 있어도 절로 될 일이면 누가 무엇이 걱정이냐고 한다. 안 되니까 그만큼 자꾸만 노력해야 하는 것이라고 한다. 남이 미처 하지 못하고 망설일 때 앞장서서 해낼 수 있어야 더 값지고도 보람된 거라고 한다.

세상사 잔뜩 찡그리는 것보다 즐거운 마음으로 보면 더 즐겁게 보일 거라  한다. 세상은 그냥 주어지는 것보다 힘들여 노력해야 얻을 것이 더 많고 값지다 한다. 압해도는 맏이노릇 동생들까지 아우르기에 한창 바쁘다. 〈2012. 11. 23〉

# 설화산

고향에도 묵묵히 억새가 피고지고 있다
그리움은 어디쯤 감추었을까
누구를 기다리는 걸까
못다 한 말이 아직 남았을까
이번엔 무슨 이야기보따리를 풀지
지금도 설화산에 가면
지난날을 동화처럼 들려주고
알몸으로 벗기는 유년
그래서 쉬이 다가서 하나가 될 수 있는.

— 고향의 억새

고향에도 억새는 여전히 피고 있었다. 길손에게 다정한 손길을 흔들어 주며 기웃기웃 한 번 떠나 찾지 않은 누군가 그리워하는 듯싶기도 하였다. 누군가를 기다리는 애틋함을 가득 안은 듯 온종일 그렇게 서성거렸다.

나의 고향은 아산의 중심에 있는 설화산 자락 외암민속마을이 있는 곳이다. 한 때는 예당저수지에 버금갈 만큼 크고 온양시민의 젖줄이었던 송악저수지가 있다. 곳곳에 억새가 피어나고 간직했던 유년이 속삭거렸다.

천 년 사찰로 근래에는 수덕사 주지스님이었던 만공스님이 오도송으로 명실공이 득도를 하였던 봉곡사 가는 길에도 억새는 어김없이 피어나고 들머리 수백 년 소나무 숲은 더 푸르고 다소곳이 불심을 가꾸고 있었다.

호두의 본고장 천안 광덕과 경계를 이루는 광덕산 맑은 물이 철철 흘러내려 수많은 여름 피서객이 오간 강당골계곡을 따라 내려오며 외암민속마을에도 억새꽃은 피어 백발이 되도록 고고한 모습을 간직하고 나부꼈다.

설화산은 해발 430m 나지막한 산이지만 진산이다. 뒤쪽 자락에는 고려 말 최영 장군의 손녀사위이기도 한 청백리 고불 맹사성의 고택이 있다. 그는 검은 소를 타고 다녔고 그의 행단에 후학이 글 읽는 소리가 묻어났다.

정상에 올라서면 온양온천이 한눈에 펼쳐지고 우리의 영원한 성웅인 이순신 장군의 현충사가 모습을 드러냈다. 아산신도시를 일굴 너른 땅과 또 서해안시대를 맞으면서 중심의 역할을 할 삽교호와 아산만까지 들어왔다.

조금만 돌아서면 데이콤아산기지국이 있고 건너에는 경찰종합학교단지도 있다. 수자원관리라든지 민속마을 등 이런 저런 이유로 개발이 보류되면서 공해가 없는 청정지역으로 살아보고 싶은 선망의 주거지역이 되었다.

밤이면 공장이나 시가지가 없으니 더 조용하고 캄캄하였지만 청량한 바람이 불고 맑은 하늘에 더 밝은 달이 뜨며 크고 작은 별들이 가까이 내려오고 있다. 여름밤에는 개똥벌레가 등불을 켜들고 하늘을 헤집고 다녔다.

고향의 설화산 정상에 앉아 흘러간 세월을 넘나들며 세상을 보는 것도 괜찮지 싶다. 저 아래 민속마을에서 조금 비껴 초등학교에 눈길을 담는다. 그런 마음을 아는지 억새가 박수라도 치듯 서로 몸을 흔들며 부딪는다.

갑자기 고만고만하던 친구들이 보고 싶다. 아마도 그네들 손자에게서 그 모습을 찾아보는 것이 더 쉬울 만큼 많이 변하였겠지. 서둘러 타임머신을 타고 돌아가 보지만 하나의 기억 속에 추억으로 남아있는 그리움뿐이다.

그래도 아쉬움이 섞여 억새를 보고 있다. 유년이 꿈틀거리며 아련픗이 남아있다. 저녁 무렵이면 노을로 곱게 물든 하늘에 개 짖는 소리가 젖어들고 초가집 굴뚝에 모락모락 연기가 오르면 한 폭 그림일 수밖에 없었다.

내 유년에도 저렇게 억새는 피었을 것이다. 그러나 그때는 무관심일 수밖에 없었다고 해야 할 것이다. 그런데 지금 새삼스럽게 그 억새에게서 내 유년을 찾고 있는지도 모른다. 참으로 세상사 알 수 없는 일이기도 하다. 〈2012. 11. 12〉

# 4

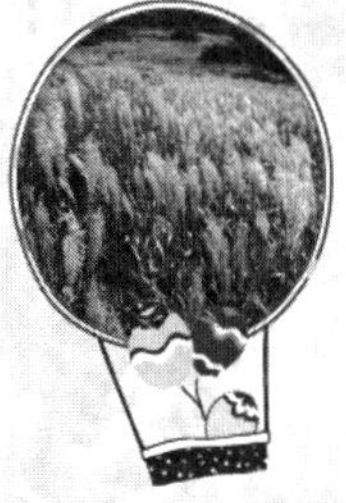

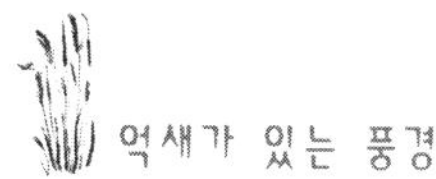


# 계룡산

굽이굽이 산태극, 수태극을 그리는 계룡산
살짝 몸통을 비틀었는가
무학대사 조선천도는 물거품 되었어도
삼불 관음봉에서 보노라
마침내 600년 서러움을 거두고
천도에 버금갈 행정수도
세종의 횃불을 높이 쳐들었느니
뭉그러진 억새일망정 출렁출렁 춤춘다
첫마을은 새 시대의 상징 별빛처럼 빛나라.

— 계룡산 억새

계룡산을 오른다. 등잔 밑이 어둡다는 말처럼 가까이에 있다 보니 더 소원하였지 싶다. 12월 초인데 벌써 눈이 하얗게 쌓였다. 날씨도 다소 쌀쌀한데다 평일이라 오르내리는 사람이 손으로 꼽을 만큼이니 더 썰렁하다.

남매탑이다. 스님이 호랑이를 구해준 은덕으로 여인을 업어다주었으나 구도자로서 결혼할 수 없어 의남매를 맺고 불도를 닦다 함께 열반하였다. 훗날 그 숭고한 정신을 기리기 위해 쌓은 오층탑과 칠층탑인 오뉘탑이다.

청량사라는 사찰 이름이 좋은 모양이다. 봉화 청량산 청량사가 있고 합천 매화산 청량사가 있듯 이곳 역시 통일신라시대 계룡산 청량사였으나 불에 타고 남매탑만이 덩그러니 남아서 탑에 담긴 전설을 간직하고 있다.

삼불봉에 오른다. 눈이 덮이고 찬바람에 으스스 겨울 기분이 난다. 고래고래 까마귀가 소리를 내지르며 날아다니니 하얀 눈밭에 검은 소리가 떨어져 내리고 있다. 세종시가 들어온다. 철계단이 살짝 얼어서 미끄럽다.

능선을 오르내려야 한다. 왼쪽의 동학사계곡 신록은 봄을 기다려야 하고 오른쪽의 갑사계곡 단풍은 이미 다 져버리고 밀려드는 바람을 알몸으로 부딪친다. 억새도 일부는 꽃이 지고 잎과 줄기가 붉게 물이 들어 흔들린다.

하지만 억새의 꼬장꼬장함은 끝내 숙일 줄을 모른다. 바람의 방향을 일러주듯 연신 출렁거린다. 능선을 굽이굽이 타고 관음봉에 오른다. 하늘을 올려다본다. 푸른 하늘에 흰 구름이 참으로 느긋하니 한가롭게 떠다닌다.

천황봉의 일출이나 연천봉의 낙조는 시간이 맞지 않는다. 그냥 봉우리만 바라본다. 은선폭포 앞에 섰다. 계곡의 꼭대기쯤 있다 보니 갈수기라 물이 별로 없어 폭포로서의 위용은 느낄 수가 없어 다소 아쉬움이 남는다.

하지만 주변에 휘감긴 절벽에 더 푸름을 토해내는 소나무와의 어우러짐은 신선이 숨어서 지냈다고 여길 만큼 계룡산에서 내놓을만한 절경임에 손색이 없다. 숱한 바위 옷과 나무에까지 푸릇한 이끼도 한 몫 거든다.

전망 좋은 봉우리에서 머뭇거리며 잠시 오던 길을 뒤돌아보기도 한다. 막상 그곳을 지나칠 때는 그냥 험하기만 한 바위에 지나지 않았지 싶다가도 다른 곳인 양 아름답다는 것을 새삼 느낀다. 우리 삶도 그러 하리라.

산길에 누군가 소박하게 쌓아놓은 작은 돌탑들을 본다. 돌탑이라고 그냥 쌓는 것이 아니다. 하늘에 별을 바라볼 때 아주 깨끗한 마음으로 바라보아야 그 별이 더 빛이 나듯 별 하나를 헤아리면서 정성으로 쌓아야 한다.

지나간 추억과 그리운 이를 떠올려보듯이 자신의 정갈한 마음을 돌멩이 하나하나에 담아 올려놓는 것이다. 그래야 탑이 무너지지 않고 또 품새도 돋보이는 것이다. 정성이 깃들은 만큼 마음이 배어서 묻어나오는 것다.

저 억새꽃 하나도 그냥 피어난 것이 아니다. 이른 봄날부터 아주 치열하게 비바람과 부딪치면서 햇살을 받고 때로는 시달리며 암벽에서 살아남은 것이다. 그래도 지난날의 아픔을 내려놓고 지우며 저만큼 느긋한 거다.

우린 그냥 힘들게만 살아가는 것 같은데 어느 시점에서 그때가 좋았다고 되새기기도 한다. 그러고 보면 산길뿐 아니라 고달픈 삶도 가끔은 돌아보며 지금 바쁘게 가고 있는 길이 허되지 않음을 상기해 볼 필요가 있다.

가끔은 어깃장으로 다투며 살아남기에 온갖 몸부림으로 발버둥치기도 하였지만 보다 많은 시간과 보다 많은 계절이 흐르며 세월이 가다보면 구성원으로 어떤 형태로든 멀리서 가까이서 동행을 하고 있음을 알게 된다.

살아가는 방식이나 과정이 다소 다를 뿐이다. 살아 있는 한 경쟁하면서 사명감처럼 자꾸 앞으로 나아가야 한다. 그래야 희망이 보이고 번창을 하면서 성취감에 보람을 맛볼 수 있다. 오늘도 알게 모르게 동행하고 있다.

억새도 처음에는 정신없이 삶을 꾸려가기에 돌아볼 겨를이 없었을 것이다. 가을이 되어서야 마치 이웃을 배려하듯이 어우러져 저리 편안한 모습으로 흔들리며 지나는 길손에게까지 잠시나마 즐거움으로 다가서고 있다.

동학사 오른쪽 동계사에는 인질을 구하고 일본서 산화한 신라 때 박제상의 혼을 모시고, 삼은각에는 포은 정몽주 목은 이색 야은 길재의 위패를 모시고, 숙모전에는 사육신 등 원혼을 모셨으니 충신을 기리는 곳이다.

박정자에 나오니 여기저기에 억새가 보인다. 푸른 혈기의 풋풋한 물기마저  바랬다. 이제는 노쇠한 모습이 역역한데도 습관처럼 바람따라 연신 몸을 흔들고 있다. 초겨울로 접어들었는데 저만큼 열정적인 모습도 드물다. 〈2012. 12. 04〉

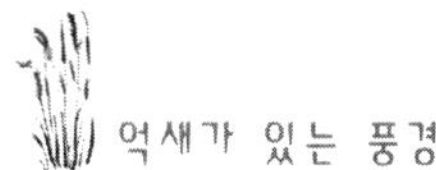


# 도봉산

도봉산 오봉 올라 마음을 여니
돌이 꽃을 피우고
포대능선 암벽허리 오르내리며
사람도 꽃이 되는
인수봉-백운봉-만경대 북한산
바위가 귀를 열어
세상사 민심 듣듯
자운-만장-선인깃발 펄럭펄럭
바위 틈새 억새가 함께 흔드네.

— 도봉산 억새

도봉사 앞을 지나 보문능선으로 접어들었다. 수많은 떡갈나무 낙엽이 길바닥까지 수북이 쌓여 밟히고 밟히면서 가루가 되고 있다. 무성한 잎으로 겹겹이 가렸다 알몸이 된 나무는 거무튀튀하니 건강미가 넘쳐흐른다.

하지만 나무들도 적당히 옷을 입었을 때가 보기에 더 좋다. 뒤늦게까지 남은 단풍나무가 피를 토하듯 발갛다. 여기저기서 빈 나무 틈새로 바위가 돋아나는 것처럼 착각을 불러오면서 오늘 따라 소나무가 더 짙푸르다.

깜냥대로 온갖 폼을 잡고 있는 바위의 형상에 기웃기웃 도봉주능선에 오른다. 진안에 마이산이 말의 귀를 닮았다면 저 바위는 소의 귀를 닮은 우이암이다. 이 바위에서 우이동이라는 어엿한 동 이름까지 생겨났다.

오봉이다. 다섯 암봉이 치솟아 키 순서로 늘어섰다. 의좋은 다섯 형제다. 봉우리마다 큼직한 바위가 올려져있다. 고만고만한 형제간에 다투지 말고 자중하라는 것이다. 맏이가 아우르는 따뜻한 사랑의 손길과도 같다.

마음을 열고 크게 보면 오봉은 밑뿌리 하나에 다섯 가지가 뻗어 피어난 돌꽃(石花)이다. 너무 단조로울까봐 틈새에 분재처럼 소나무를 꽂아놓았다. 도봉산은 발 닿는 곳마다 석제품전시장 같은 돌잔치 한 마당이다.

돌밭을 승화시켜 꽃을 피웠다. 암봉 바위꽃에 빠져본다. 오봉능선에서 계속 내려가면 여성봉이고 다시 도봉능선으로 향한다. 돌무더기 같은 우봉이 우뚝 솟아있다. 오른쪽이 칼바위이고 왼쪽이 자운봉 가는 길이다.

신선대에 오른다. 바로 옆으로 자운봉-만장봉-선인봉이 우뚝 솟아 있으나 그냥은 오를 수가 없다. 자운봉은 큼직큼직한 바윗돌이 각을 맞춰 쌓아올려 서로 이를 맞물고 있지만 금세 흘러내릴 것 같아 그저 아찔하다.

그러나 수만 년을 이어온 자연은 생각처럼 그리 쉽게 무너지지 않는다. 건너편에 불암산에서 수락산에 이어진 능선이 정겹게 다가선다. 저쪽은 인수봉-백운대-만경대가 각을 이루면서 삼각산으로 불리던 북한산이다.

삼삼오오 사람들이 열심히 오르고 있다. 마치 산은 돌과 사람으로 뒤섞인 듯 법석을 떨고 있다. 그러나 돌은 끝내 침묵에 제 자리를 꿋꿋이 지키고 있지만 사람은 재갈재갈 떠들기도 하며 오가고 있다. 그 속에 꽃이 핀다.

포대능선을 타고 내려간다. 이곳 또한 그 묘미를 만끽할 수 있는 구간이다. 칼등을 걷고 암봉 옆구리는 와이어로프를 잡고 유격훈련 받듯 건너면서 오르고 내려가며 짜릿짜릿한 분위기에 젖는데 억새가 힐끔거린다.

힘을 내라고 가다보면 재미가 솔솔 난다고 억새가 격려에 응원하듯 손을 흔든다. 암봉에 가까스로 매달려 지나는 길목이다. 길이 매우 협소해 수시로 멈춰서야 한다. 등산객이 많을 때는 극심하게 정체되는 구간이다.

끝내 이마에 송골송골 땀방울이 맺히고 건강미가 흐른다. 거대한 바위에 매달린 사람이 꽃과 같이 느껴진다. 바위에 핀 꽃이다. 사람보다 더 아름다운 모습이 있으랴. 조마조마 칼날능선을 넘으면서 쾌감을 맛본다.

산에 오면 자신을 곱씹으면서 되새김질하게 된다. 세상 너른 줄 모르다가 자연 앞에 자신이 한없이 작아지고 엄숙해지며 다소곳해진다. 마음을 열어 자연을 배우면서 피로를 털고 또 뭔가 열심히 가득 가득 담아 간다.

봉우리 하나 바위 하나 틈바구니 나무 한 그루마저 그냥 있는 것이 아니다. 꼭 있어야 할 곳에 있어 서로 챙기듯 어울리니 이것이 곧 조화다. 하나가 아닌 모두가 합쳐져야 비로소 완성미의 극치를 보여주는 것이다.

오르내리면서 무심코 잡은 손길에 거칠거칠한 나무가 반질반질하고 밟고 밟은 바닥의 돌은 매끌매끌 윤기에 빛을 발한다. 목석도 이처럼 시나브로 바꾸어 놓는데 사람이 마음만 먹으면 이루지 못할 일이 어디 있으랴.

이런 험난한 바위 사이로 대공포진지가 있었던 요새이기에 지금껏 포대능선이라고 부른다. 그러나 모두 철수하고 그 흔적만 약간 남아있을 뿐이다. 마당바위에 올라 잠시 조망하다가 왼쪽 사패능선 방향으로 붙었다.

산은 적당한 거리서 보아야 할 때가 있다. 또 그 속에서 한 발 한 발 밟아보아야 비로소 그 진가를 느끼며 백미를 맛볼 수 있다. 마음에 모자이크 해보며 산을 송두리째 가져갈 수는 없어도 마음에 담아갈 수는 있다.

오늘 산행은 다소 어려웠어도 만족했느냐는 듯 억새가 방긋거리고 있다. 도봉산을 오르내리며 돌이 되고 꽃이 되어보았느냐고 은은한 눈길로 되묻고 있다. 그런 모습이 정겨우면서도 풋풋하니 싱그럽게 다가섰다. 〈2012. 11. 22〉

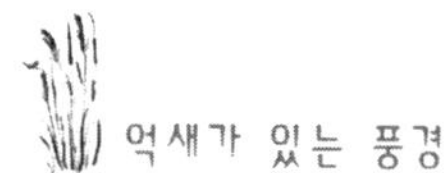



# 대둔산

꽃가루 다 휘날려 비워낸 억새
바싹 마른 앙상한 뼈마디
서로 몸 끌안으려
으악~ 으악~
가슴 빵빵 몽당이 되어야
깊어진 겨울
마천루를 찾아 올 봄날에
튼튼한 뿌리 남아
다시 마음껏 푸름 밀어 올리리.
— 대둔산 억새

대둔산은 대전 시민에게 사랑을 듬뿍 받고 아무 때나 스스럼없이 다녀올 수 있는 곳이다. 여름에는 수락계곡으로 찾아들며 입구의 선녀폭포부터 시작하여 시원하게 쏟아내는 여러 폭포의 물길에 취해 보기도 한다.

기온이 갑자기 뚝 떨어졌다. 올려다 보이는 대둔산 정상 쪽은 벌써 희끗희끗 눈에 뒤덮였다. 쌀쌀한 탓인지 주차장은 텅 비고 등산객도 찾아보기 힘들다. 개울을 타고 오른다. 나뭇잎은 약속한 듯이 거의 쏟아졌다.

간혹 가뭄 탓에 미처 단풍조차 들어보지 못하고 빼빼 말랐던 잎들만 그대로 남아 한을 털어내고 있어서 안쓰러운데 깊은 계곡에 물이 흐르며 분위기를 돋운다. 절묘하게 돌에 박힌 듯싶은 소나무가 눈길을 끈다.

다리성봉 흔들바위다. 낭떠러지 옆에 엉성하게 놓여있어 다소 불안하다. 하지만 그 너부죽하니 커다란 바위에 올라가면 흔들흔들 거린다. 여럿이 올라가도 정도를 벗어나지 않는다. 동심을 불러내 시시덕거린다.

수북한 낙엽이다. 그 위에 눈이 덮였다. 낙엽과 눈을 뒤섞으며 산을 오른다. 생각지 않았던 때 이른 눈길 산행을 하게 되어 마음이 산뜻해진다. 아무도 가지 않은 길에 첫 발도장을 콱콱 기분 좋게 찍어나간다.

벌써 산토끼가 지나간 흔적이 있다. 녀석은 영물답게 산을 오르며 그냥 아무데나 가지 않고 신기하다 싶도록 사람의 길을 따라 족적을 남겨놓았다. 새리봉을 지나고 깔딱재에서 곧장 오르려니 험악스런 암릉이다.

대둔산에서 빼놓을 수 없는 일품 조망지다. 칼등 같은 바위에 찬바람으로 미끄러운 부분이 있을 수 있어 긴장하게 한다. 가까스로 탈출하여 서각봉의 주능선에 닿는다. 산죽밭이 펼쳐지고 오른쪽에 안심사가 있다.

왼쪽으로 꺾어 굽이굽이 바위들이 연출해내는 기기묘묘한 자태에 빠져들며 정상인 마천루 개척탑에 오른다. 완주쪽에서 올라온 사람들이 장사진을 치고 있다. 때 이른 설경에 빠져 감탄하며 마음 설레고 있다.

산 옆구리를 타고 조심조심 낙조산장서 서해의 일몰을 볼 수 있다는 낙조대에 오른다. 그러나 지금은 거기까지 가시거리가 미치지 못한다. 앞쪽으로 태고사와 에딘버러 골프장이다. 가장자리에 뭉그러진 억새다.

독수리봉능선을 타고 하산이다. 마천루를 중심으로 뻗어나간 산줄기에 암봉을 바라보는 경관만큼은 결코 빼놓을 수 없다. 곳곳에 박힌 바위들은 그 면면이 개성을 갖고 뭔가 나름 표현하고 있어 호기심이 당긴다.

석천암 하산 길 눈밭에 앙상한 나뭇가지인데 한 그루 진달래나무가 붉게 꽃을 피웠다. 지금은 때가 아닌데, 계절을 잊고 한 박자 빠른 것인가 아님 늦은 것인가. 사찰 인근에서 불심에 푹 젖어들은 것은 아닐까나.

산죽에 녹았던 눈이 차가운 바람으로 얼었다 우수수 쏟아진다. 훤칠한 키로 엉거주춤 서있던 억새가 은연중 사각~사각~ 혹은 으악~으악~ 소리를 낸다. 바람이 세차게 몰아치며 이미 겨울 속 깊숙이 빠져들었다. 〈2012. 12. 02〉

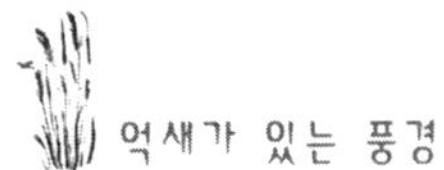


# 덕유산

상고대는 나뭇가지에 산호초를 걸어놓고
꽃사슴 엘크 뿔까지 만들었다
눈밭에 장식품으로 꽂아놓은 억새
저리 짙푸른 하늘바다에
몇몇 섬까지 띄워놓는 여유는
감탄마저도 멈추게 한다
바람은 혼자 바삐 돌아다녀도
속삭이듯이 쏟아지는 말간 햇살에
환상적으로 아롱진 덕유산 향적봉 설경.

— 덕유산 억새

무주리조트에서 곤도라를 탔다. 덕유산 향적봉의 턱밑인 설천봉까지 불과 10여 분만에 다다른다. 덕유산은 한라산, 지리산, 설악산 다음으로 높은 산이지만 정상까지 20분도 안 되는 거리로 곧바로 오를 수 있다.

천 년을 사는 주목은 세상사가 너무 혼란스러워 산속 깊숙이 들어와서 묵묵히 귀를 막고 눈을 감고 지내다 달밤에나 문드러진 내장을 후벼내고 자꾸 꿈틀거리는 이파리를 다독여 빗질하며 푸른 미소 머금고 있는가.

맑게 갠 날 온 세상 눈밭을 거닐며 덕유산 향적봉에 올라서니 상고대의 멋진 풍경과 운해가 만들어낸 한 폭 풍경으로 잠시 넋을 놓는다. 칼바람은 바위에게까지 눈발을 뿌려 신비스런 눈꽃에서 바위꽃이 되었다.

고사목은 태어난 자리에서 꼿꼿했지만 끝끝내 시달림을 이겨내지 못하고 무너져 내리는 날까지 산 자와 죽은 자가 어깨를 나란히 하고 있다. 이제는 한 점 한 점 자꾸 떨어져나가는 살점과 뼈다귀의 아픔도 잊었다.

삶과 죽음의 현장이듯 앙상해지는 몸집에 지난날의 과거와 무성하게 일어서는 앞날의 미래를 보여주며 자연의 새로운 조화를 보여주고 있다. 그렇게 덕스럽고도 부유한 덕유산은 태고의 숲이 만들어졌고 이어 왔다.

눈의 솜씨도 만만치가 않다. 능선의 나뭇가지에 산호초를 만들기도 하고 사슴뿔을 형상화하면서 볼거리를 만들어 시각적 즐거움을 선물한다. 바람은 심술로 허물기도 하지만 바람보다 잽싸게 추위가 얼어붙게 한다.

이제 짧은 오름에서 긴 하산길이다. 서둘러 겨울채비를 하던 산은 아래로 내려갈수록 위쪽과는 달리 나무들도 다소 여유를 부리면서 느긋해졌다. 몽땅하던 나무나 풀은 키를 좀 더 높이고 가지도 넉넉하게 뻗어나갔다.

하지만 나무들은 삶의 굴곡처럼 울퉁불퉁하다. 심지어 몸통이 꼬이고 뒤틀리기까지 하였다. 기슭에서 모질은 바람을 비껴보려는 계속된 안간힘이 그대로 굳어버린 것이다. 그래서 저들의 삶이 더 멋져 보일 수 있다.

올라오는 사람은 땀을 쏟으며 너무 힘에 겨워 내려가는 사람이 그리 부러울 수 없다. 그러나 조금만 견디면 그 입장이 뒤바뀔 수 있으니 참아내며 오르고 오른다. 저리 힘들게 흘린 땀만큼 더 보람으로 남는 것이다.

빈 가지 높은 곳에 또 하나의 생명체가 있다. 겨우살이로 남의 몸을 빌려 기생하면서 혼자 고고한 척 푸름을 드러내는 뻔뻔스러움이다. 누군가는 약재에 좋다고 눈독을 들이고 있을지도 모른다. 얽히고설킨 세상이다.

천 년의 사찰 백년사를 지난다. 수백 년 아름드리 듬직한 소나무는 매초롬한 몸매에 여전히 푸름을 가득 물고 늠름하다. 겨울로 들며 은은한 향기는 가슴에 감고 거죽에 연륜의 문신으로 조각조각 거북등을 새겼다.

한여름에도 찬 기운을 뿜어내며 시원하게 흐르던 구천동계곡이다. 더는 못 견디고 냇물이 꽁꽁 얼어붙으면 계곡을 울릴 만큼 낭랑하던 물길의 목청은 끝내 얼음 속에 갇혀 속울음을 울면서 겨울은 깊어갈 것이다.

눈 속에 꽂힌 억새는 감각을 잃은 겉모습으로 빈 껍질일 뿐이다. 오로지 뿌리에 힘을 모으며 다가올 새봄을 기다릴 테지. 세찬 바람에 밀리고 폭설에 몰리면서 슬금슬금 사그라지고 다음 몫의 새싹을 준비할 것이다.

마음에 따라 여건이 달라지듯 즐거워야 한다. 그래야 새롭고도 즐겁게 볼 수 있다. 높고 깊은 산일수록 혼자보다는 여럿이 함께 하는 것이 더 좋다. 작은 소리일망정 두런두런 이야기도 주고받아야 힘이 적게 든다.

물론 여럿이 산에 가더라도 산행은 각자의 몫으로 혼자서 가는 것이다. 하지만 옆에 사람이 있어 힘을 북돋울 수 있는 것이다. 밝은 마음 긍정적일 때 편안해지면서 저만큼 뺏뺏해진 억새까지 한 발 정겹게 다가선다.

살아있음은 멈추지 않는 것이다. 물은 흘러야 한다. 그래야 얼지 않는다. 마음도 연신 돌고 돌아 멈추지 말아야 한다. 자꾸 새롭게 해야 신선해진다. 때에 따라서는 하고 싶어도 못하고 하기 싫어도 할 수밖에 없다.

살아있다는 것은 변화가 있다는 것이다. 하고 싶은 일만 골라서 할 수 있다면 그보다 더 좋을 수 없듯 하기 싫은 일을 안 할 수 있다면 그보다 더 다행스러운 일도 없을 것이다. 자연은 의사에 관계없이 겨울잠에 든다.

자연이 휴식을 취하고 있는 동안에도 산이 좋다고 마구 휘젓고 다니고 있는 것이다. 그렇다고 자연이 아주 멈춘 것은 아니다. 여건만 마련되면 언제든 푸름을 되찾으려 뿌리는 연신 꼼지락꼼지락 준비 중일 것이다. 〈2012. 12. 09〉

# 강천산

병풍폭포가 무지개를 만들며 분위기 띄운다.
인공이냐 자연이냐 따지지 마라
단풍은 피를 토하며
황토 모랫길 따라 맨발로 걷는 강천사
구름다리 아찔해도
현수교서 뜬금없이 스치는 것들
강천호수 깊어졌다
아홉 장군은 어딜 가고 이름만 남았나
금성산성에는 아직도 투구를 쓴 억새의 물결.
— 강천산 억새

아침에는 좀 쌀랑하더니만 낮에는 왜 그렇게 따끈한 거야. 겉옷 하나를 벗어도 자꾸만 땀이 줄줄 흐른다. 깃대봉에 거뜬하게 올라서고 왕지봉, 형제봉 을 거쳐서 강천 제2호수까지 내러섰다가 다시 되돌아서 올라간다.

성낙바위 쉼터에서 잠시 한숨을 돌리고 연대봉 북바위로 돌고 돌아간다. 꼭대기는 이미 단풍이 많이 져버려 시원치 않다. 정말 단풍을 보고 싶었으면 능선으로 올라가는 것이 아니라 계곡으로 방향을 잡았어야 한다.

투구를 쓴 병정 같은 억새는 간혹 자신에게 물음표를 던진다. "나 지금 떨고 있니?" "아니 네 마음이 통째로 흔들리고 있나 봐. 하지만 넌 겨울이 와도 부드러운 몸짓은 아마 끄떡없을 거야." 등이라도 토닥여주고 싶다.

연대봉 정상에서 복원된 성곽을 걸으며 시계 반대 방향으로 북바위를 지나 건너편의 왕자봉에 대적할 선녀봉인 광덕산이다. 신선봉 전망대에 걸터앉아 땀 씻고 신선이 되었다가 천천히 내려서면 구름다리 들머리다.

저기 외줄을 타듯이 계곡의 공중에 대롱대롱 매달린 현수교다. 한 번 건너봐. 까마득히 내려다보이며 아찔아찔한 저 밑바닥에 오금이 저려오며 갑자기 세상이 다시 보인다. 그간 내가 뭘 잘못했지. 왜 그렇게 살아왔지.

순간적으로 스쳐가는 것들이다. 자꾸만 누가 뒤에서 잡는 것 같다. 사는 것 별 것 아닌데 좀 더 떳떳하게 살고 싶어지는 거다. 허둥지둥 빠른 걸음으로 내달으며 후줄근해져 뭔가 새로운 것들이 가득 들어찼지 싶다.

그만큼 우리 마음은 아직도 순수한 거다. 닦고 씻으면 빛이 날 수 있는 거다. 조금 내려서면 강천사에서 민생을 제도하는 카랑카랑한 염불소리가 계곡을 메운다. 그 소리를 담으며 혹은 흘리며 그냥 편안하게 걷는다.

길옆 냇물에는 잦아드는 물길에 물고기가 몹시 힘겨워하는데 살며시 낙엽이 비단이불이라도 덮어주듯 가만가만 내려앉아 가려주니 세상이 포근하다. 우선 하늘을 가리고 자신의 마음까지 가리면서 피난처가 되었다.

어디 가을날 단풍만이 전부인가. 맨발로 걸어도 좋게 모래를 깔았으니 도란도란 걸어보는 거다. 단조로워 싫증이 나면 숲속의 산책로로 들어서면 또 다른 분위기가 연출된다. 개울물은 쫄쫄거려도 폭포는 힘차게 쏟아진다.

입구에 병풍폭포 물결이 흩날려 무지개를 만들며 분위기를 잡고 구장군폭포서 절정을 맞는다. 진짜 저 산위를 흐르다 쏟아지는 힘찬 물줄기인 줄 알고 있다. 냇물을 퍼 올리는 인공폭포면 어떠냐. 깜빡 속아주는 거다.

그냥 있는 대로 받아들이고 하루쯤 근사하게 즐기면 되는 거다. 도로를 따라 양 편에 도열한 가로수는 있는 끼를 다 발휘하여 몸속에 핏물을 모조리 쏟아내고 있나 보다. 저 녀석은 아예 선지 핏빛으로 눈이 부시다.

계곡은 사람물결에 단풍물결로 어우러졌다. 산자락 단풍들이 서둘러 모두 밀려 내려와 모닥불을 피우고 있다. 모여든 인파의 원색 옷자락까지 합세를 하고 좋은 날씨에 햇볕이 조명처럼 비추니 정말 일품이었다. 〈2012. 11. 07〉

# 사량도

잔잔한 바다 평화로운 사량도지만
심술은 이성을 잃고
매몰차게 달려드는 휘몰이 바람
억새는 그냥 낮추고 낮추다
안면 몰수 다혈질에
몽땅해져 살아남는 법을 찾았다
언제든 돌변할 날씨
좋을 때 서두르는 가을걷이
넓고 넓은 바다 작은 섬의 정중동.

— 사량도 억새

억새를 쫓아다니다 보니 계절이 훌쩍 바뀌면서 남해바다를 건너 사량도로 가고 있다. 삼천포서 출렁거리는 바다에 수많은 섬을 헤집듯 사이사이 돌아간다. 가을은 저물어 가고 겨울을 준비하는 어부의 손길은 썰렁하다.

뜬금없이 가을의 끝자락이 궁금하다며 한려수도 뱃길 따라 사량도로 가고 있다. 남쪽으로 밀려간 가을이 풍덩풍덩 바다에 빠져 물장

구라도 치고 있는지 보고 싶다. 한 구석 은근슬쩍 웅크리고 있는 섬이 그립기도 하다.

봄은 일찌감치 남쪽바다를 타고 넘어와 반도의 육지로 상륙했는데 이제는 북쪽에서부터 거꾸로 좀은 늦다싶게 남쪽바다로 밀려온 가을이 더러는 바다를 건너지 못하고 그대로 익사하는지 어딘가 애수에 젖어 있다.

그러나 바다는 하늘보다 여전히 시퍼렇다. 가을이 서둘러 가든 늦장을 부리든 바다는 칼칼한 성격처럼 연신 하얀 이빨을 드러내며 깔깔거릴 뿐 질겅질겅 등짝을 밟고 가을이 가고 겨울이 오든 표정을 드러내지 않는다.

갈매기는 자꾸 비가 내리면서 이제 곧 추워질 거라는 일기예보라도 어디서 주워들었거나 본능적 육감으로 머잖아 혹독한 겨울이 올 것을 감지하였나 보다. 몇 마리가 감기 들었는지 쉰 목소리를 내며 낮게 날고 있다.

그러나 떠날 곳도 떠날 수도 없는 섬은 말이 없다. 밀려드는 모든 풍파를 견디면서 이겨내야 한다. 뱃길 따라 40분쯤 지나서 아주 의좋은 형제처럼 아래 위에서 늘 마주 보고 있는 한 폭 그림 같은 섬 사량도에 닿는다.

생각보다 아직은 가을 속에 있다. 지리산 불모산(달이봉) 가마봉 옥녀봉으로 이어지는 종주 등산길은 오랜 세월 비바람에 깎인 암릉이면서 푸석거리는 돌이 많다. 섬이 작다 보니 어디에 올라도 바다가 있어 낭만적이다.

산줄기를 따라 가며 좌우 포구에는 어촌마을이 옹기종기 들어서고 바다와 섬이 함께 빼어난 풍경을 빚어낸다. 아늑한 바다에 큼직한 양식장이 떠있다. 마구 잡기만 하던 어업에서 뿌리고 가꾸면서 경영하는 어업이 되었다.

저만큼 억새를 만난다. 바닷바람이 만만치 않아 억새는 키를 낮출 만큼 최대한 낮추고 있다. 그러나 그 근성만은 어디를 가도 다를 바가 없다. 아니 삶에 대한 더 강한 집착으로 푸석거리는 돌 틈바구니에서 뿌리를 내렸다.

낮춘 것은 예의나 겸손에서가 아니다. 우선은 살아남기 위한 궁여지책이다. 자신의 분수를 아는 것이다. 겉만 번지르르하게 키우다가 바람 한 방에 날아가면 그만이니 어쩌면 숱한 시행착오를 겪어냈을지도 모를 일이다.

수직에 가까운 철계단은 내려가는 것도 쉽지가 않다. 다시 밧줄을 잡고 탄금바위에 올랐다가 그네처럼 출렁대는 사다리를 타고 절벽을 아찔하게 내려가야 한다. 등짝에 땀이 흐르도록 밧줄을 잡고 한 발 한 발 내려놓는다.

바닥에 발이 닿는 순간 비로소 안도의 숨소리를 내뱉는다. 조여오던 마음에서 짜릿한 대견함으로 뒤바뀐다. 이런 과정 이런 느낌이 사량도를 찾는 매력이다. 벽면의 계단을 타고 돌고 돌아 옥녀의 전설이 담긴 옥녀봉이다.

사람뿐만 아니라 초목도 지나친 보호는 온실의 화초로 연약해질 수 있다. 야생의 억새처럼 온갖 험난한 과정을 겪어내야 한다. 담금질을 하면서 보다 강해지고 세상을 똑바로 보며 올곧은 판단력으로 나아갈 길을 터득한다.

음지와 양지, 옳음과 그름, 강함과 약함, 나아갈 곳과 물러설 곳을 안다. 혼자서 짊어질 일과 함께 힘을 모아야 비로소 이루어질 수 있는 일을 구분한다. 혼자가 아닌 같이 어우러져야만 더 쉽고 즐거워 능률적임을 안다.

세상사 작은 일도 적당히 이루어지거나 마음대로 될 수 없음을 안다. 항상 준비하고 항상 최선을 다하다 보면 무언가 그 대가처럼 이루어질 수 있음을 안다. 작은 것 하나도 결코 큰 것 못지않게 소중할 수 있음을 깨닫는다.

다소 계절이 느긋한 듯싶지만 바다 한가운데 작은 섬, 사량도는 언제든 비바람 한 번 크게 몰아치면 자신의 의지와 관계없이 하루아침에 겨울의 문턱으로 성큼 들어설 것이기에 섬사람은 서둘러 가을을 마무리하기 바빴다. 〈2012. 11. 24〉

# 다랑이

참 살아가기 힘들다면서 온갖 고난을
다 짊어진 듯 보일 듯 보이잖게 헐떡거리며
길고 기인 언덕 오르고 오르려니
그냥 꾹꾹 참으며 견뎌내는
꾸밈없는 억새가 되어
어느 순간 다다른 목표지점
기쁨에 젖어 사르르 녹아드는 지난날
부족해도 남는 미련은
떠날 수도 변할 수도 없어 지금껏 눌러앉은.
— 다랑이 억새

다랑이는 비탈이 심한 산골짜기에 여러 층으로 겹겹이 만든 좁고 작은 논밭이다. 소가 들어가 구석구석 갈아엎어야 할 정도로 구불구불하고도 좁으며 기다란 논밭이 대부분으로 영농기계가 들어가 작업하기도 쉽지가 않다.

다랑이는 다락논 혹는 다랑이논이라고도 한다. 지금껏 그런 곳이 남해도의 가천에 가면 볼 수 있다. 세상이 하루가 다르게 변하는데 참으로 느림보 걸음이다. 언젠가는 그런 모습들도 편리와 수익성에 따라 탈바꿈할 것이다.

70년대 초 이전만 해도 다랑이 논밭이 많았다. 관개시설은 물론 지금처럼 농지구획정리사업도 되지 않아 산골의 논밭은 굽이굽이 둑이 거의 차지하고 실지 경작면적은 얼마 되지 않았으니 생산량도 적을 수밖에 없었다.

하늘바라기하는 천수답에 논두렁만 많아 손질하기에 농부의 등골은 휠대로 휘었다. 그래도 그런 논일망정 없어 농사를 짓지 못하고 얼마나 부러워하였는지 모른다. 농자천하지대본이라는데 농토 한 평 없는 농민이었다.

아직껏 옛 모습 다랑이가 고스란히 남아있는 것이 신기하기만 하다. 느림의 미학이라지만 그때 그 시절을 보는 듯싶어서 불현듯 스쳐가는 일들이 많다. 그만큼 나의 유년은 어렵던 농촌서 시작되었기 때문이기도 하다.

우리 농촌에 흔한 모습이었지만 버리고 바꾸어 이제는 좀처럼 찾아보기 쉽잖다. 그야말로 골동품인 셈이고 민속박물관에서 기웃거려보아야 할 풍경이다. 하지만 어엿하게 남아서 지난날과 오늘날이 공존하고 있다.

그러고 보면 좋은 모습만이 그리움으로 남는 것은 아니다. 다시 돌아보듯 저 꾸밈없는 곡선들이 어찌 저리도 서글프도록 아름답게 다가설 수 있는 걸까. 하기야 생활의 한 단면이었으니 어이 그리 쉽게 잊힐 리 있으랴.

요즘은 아이들이 벼를 모르고 아예 쌀나무라고까지 하며 쌀 귀한 줄을 모른다. 우리가 자랄 때는 없어서 먹지 못했지만 지금 아이들은 먹기 싫어서 아니 먹는다고 한다. 안 먹는 것은 같을지 몰라도 비교가 될 수 없다.

생활력이 강한 억새가 여린 풀들을 제치고 여기저기 일어서고 있다. 어느 날 오랜 텃밭에 날아온 씨앗이 싹터 거칠게 몰아붙이며 뿌리를 내리고 있다. 자연의 세계는 동물뿐만 아니라 식물도 강자만이 살아남게 되어 있다.

다랑이와 나란히 억새가 꽃 피웠다. 겨울 속으로 빠져들지만 새봄을 기다리고 있을 터다. 더 왕성하게 일어설 준비를 하고 있을 것이다. 묵정밭 다랑이는 누가 진짜 주인인지 모를 만큼 억새가 극성을 피우며 당당하다.

바람은 신선함을 불어넣기도 한다. 흐리멍덩한 나를 일깨워 주기도 한다. 억새는 바람과 함께 흐드러지게 춤판을 벌리고 즐기면서 더불어 살아간다. 바람을 먹으며 살아가는 팔랑개비는 바람이 불어야만 씽씽 돌아간다.

자연은 자연 속에서 살고 싶어 한다. 인간의 손길에 다듬어지고 가꾸어져 인간의 눈요기에 만족해하지 않는다. 그것은 하나의 구경거리일 뿐 하나의 치욕일 수 있다. 정원에서 온갖 손길보다는 산속에서 숨쉬기를 바란다. 〈2012. 11. 11〉

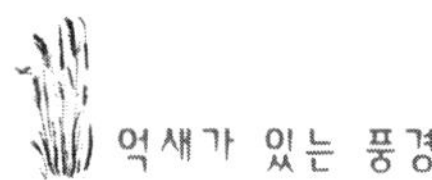


# 오서산

충청 서해안의 든든한 울타리 오서산
둥구나무 곁에 빈 물레방아는
한낮 그리움을 감아 돌고
까마귀 울음 이미 멀어졌어도
습관처럼 피고 지는 억새
청량한 바람은
광천에서 새우젓을 곰삭이고
고소한 광천김
오늘도 밥상에 오르는 주부의 미더움.
— 오서산 억새

가을은 결실로 가득 채워져 풍요로움에 넉넉한 계절이기도 하지만 따가운 햇살에 화려하게 무르익었던 황금들녘은 물론 곱던 단풍마저 비워지고 지우면서 텅 비워져 황량한 몰골을 드러내는 상반된 계절이기도 하다.

이처럼 결실의 채움과 비움의 계절에 광천의 오서산을 찾았다. 수많은 까마귀가 서식한다고 하여 오서산(烏棲山)이라는 이름까지 얻었지만 까마귀는 그림자도 찾아볼 수 없으니 이제는 그도 하나의 전설처럼 되었다.

그래도 억새꽃은 수를 놓고 까마귀 아닌 억새를 보러 많은 발길이 찾는다. 하지만 그간 다른 잡목에 치면서 억새밭이 점점 좁아지고 협소한데다 곳곳에 억새의 명소가 많아지면서 옛 명성도 다소 지워지는 아쉬움이다.

오서산은 충청권 서해안을 둘러치고 등대처럼 길잡이가 되기도 한다. 광천과 보령 간을 오가다 보면 한일자로 늠름한 자태를 드러내고 있다. 그 기상을 받고 내려오는 바람이 광천새우젓을 맛깔스럽게 곰삭이고 있다.

가을에는 들길을 걸어도 좋고 산길을 가도 좋고 차창너머로 바라보는 풍경도 좋다. 길을 나서면 어디고 좋은 그림이 기다린다. 오서산 자락을 오르다 지나는 바람결에 땀을 씻어내며 억새와 함께 하는 것은 더 좋다.

큰 둥구나무 곁에서 물레방아가가 빙글빙글 돌아가고 있다. 예전처럼 방앗간이 아닌 빈 수레 같은 풍경에 다소 한가롭지만 정겨운 풍경으로 다가선다. 거기에 못다 한 이야기가 살랑거리고 못다 한 그리움이 아른거린다.

옷자락을 벗듯 낙엽이 진 알몸의 나무에서 울퉁불퉁 상처투성이를 본다. 너울너울 곱고 한가롭게 보이던 너의 삶도 그리 순탄치만 않았음을 보여주듯 감춰뒀던 새로움이 드러난다. 다툼은 없어도 몸부림은 쳤으리라.

고개를 들어 하늘을 한 번 올려다보고 바다도 한 번 내려다보고 함께한 사람들 얼굴도 바라본다. 저만큼 억새와 눈길도 맞춰본다. 저마다 내놓고 하지 못할 저만의 이야기가 있는 거다. 가슴에 안고서 살아가는 거다.

이미 잘린 벼 그루터기서 보리처럼 파랗게 움이 돋은 것을 본다. 뭔가 희망과 용기를 가지고 새싹 새순을 틔웠을 것이지만 헛된 꿈 헛된 욕망이다. 기껏 자라봐야 꽃도 못 피워볼 텐데 푸름에 대한 미련으로 연민이다.

가는 계절을 뉘라서 막으랴. 아무리 발버둥을 쳐도 잠시 멈칫하지 싶다가 결국은 제 길을 갈 수밖에 없다. 계절은 돌아 다시 찾아온다. 하지만 올 적마다 처음처럼 새로워서인지 떠나보내는 마음은 늘 떨떠름하기만 하다.

하지만 삶은 한 번 가면 그뿐 다시는 돌아오지 않는다. 돌이킬 수도 반복할 수도 없어 연습이 없는 일방통행이다. 다시 돌아올 자연도 저처럼 아쉬운 듯 몸부림치는데 정작 우리는 너무 느긋하니 무기력하고 태연하다.

억새는 다년생이지만 일년초나 마찬가지다. 오직 뿌리만이 남아 다시 새싹을 올리고 대궁을 키워가며 시달림받기를 거듭한다. 그래도 억새를 보면 그런 어두운 그림자가 없다. 오히려 현실에 달관하듯 춤추며 좋단다. 〈2012. 10. 24〉

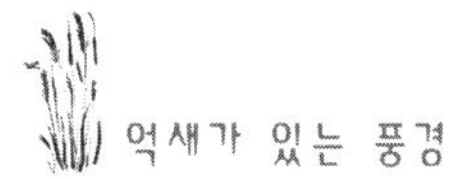


# 미륵도

통영은 예로부터 왜놈과 일전을 치룬 군사적 요충지
고려 최영이 왜구를 막기 위해 쌓은 당포성지
조선의 충무공은 임진왜란 때 한산도 대첩
미륵불이 강림할 성지 미륵도
한려수도에 섬과 통영이 만들어낸
동양의 나폴리로 불릴 만큼 빼어난 풍경은
케이블카로 오르고 발품으로 오르는 관광특구
수많은 인재를 길러낸 예향의 도시
억새도 그 틈새에서 한 몫 거들며 시간을 적고 있다.

— 미륵도 억새

통영은 남미 브라질의 리우데자네이루와 대양주 오스트레일리아의 시드니 그리고 유럽 이탈리아의 나폴리를 세계3대 미항(美港)으로 손을 꼽는데 나폴리에 견줄 만큼 그 이름값만으로도 아름다운 항구임을 알 수 있다.

통영은 군사적 요충지다. 고려 때는 최영 장군이 왜구를 막기 위해 쌓은 미륵도 당포성지가 있고 임진왜란 때는 이순신 장군이 한산도 대첩을 거뒀으며 한국전쟁 때는 상륙작전으로 북한군으로부터 탈환할 수 있었었다.

미륵도는 왜정시대인 1932년에 이미 동양에서는 처음으로 통영과 483m 길이의 해저터널로 연결되었다. 지금은 충무교와 통영대교가 개통되어 통영시내의 일부로 자리매김을 하였으며 관광특구로 지정까지 받았다.

미륵도란 미륵불이 도솔천에서 내원궁을 주재하고 있으나 석가모니불이 열반하고 56억7천만 년 후에 강림할 부처님으로 석가모니불이 미처 제도하지 못한 중생을 구제할 용화수 미륵전(용화전)이 있을 만한 곳이다.

향수의 정지용 시인이 미륵산에 올라 「나는 통영포구와 한산도 일대의 아름다운 풍경을 내 문필로는 표현할 능력이 없다.」 고 할 만큼 아름다운 통영이다. 유치환 박경리 김춘수 윤이상 같은 문학인과 예술인이 많다.

남해안 일대는 물론이요, 대마도까지 들어오는 이곳 미륵산에는 일찍부터 봉수대를 설치하였던 곳이다. 봉수대는 어두운 밤에는 횃불로 밝은 대낮에는 연기로 급한 소식을 전하였던 옛날의 중요한 통신수단의 하나이다.

낙엽이 쌓이고 쌓이면 가을이 지나고 겨울이 되듯이 조용히 계절이 바뀌고 있다. 저 나무는 또 하나의 나이테를 만들고 나는 연륜에 감겨서 노쇠해지고 있다. 하지만 저 바다는 자연스러우면서 끊임없이 출렁거린다.

얼핏 보기에는 그 물결이 그 물결 같지만 자꾸 새로운 물결로 대체되면서 생동감이 살아나고 있다. 바다의 가장자리에 꼿꼿하게 서서 뭍을 보고 있다. 아니 뭍의 끝자락에 서서 기우뚱거리며 바다를 멀뚱멀뚱 보고 있다.

머리 위에서는 바다 같은 하늘이 아래를 내려다보고 있을 터다. 파란 하늘에 한 점 구름을 띄워놓고는 어디론가 떠나보내고 있다. 수평선 저기쯤인가 해가 불쑥 떠오르고 그 모습에 감격하면서 탄성을 내질렀을 것이다.

통영 미륵산에서 아름다운 통영 앞바다를 보고 하늘을 보고 있다. 저 만큼 서있는 억새는 바람이 밀치는 대로 바다를 향해 출렁이다 뭍을 향해 흔들린다. 뿌리는 뭍에 박고 머리는 끝없이 뻗어나간 바다를 보며 살았다.

때로는 바람에 넘어지기도 하고 일어서 이겨냈다. 때로는 바람과 함께 더불어 바다를 바라보고 어두운 밤이면 철썩이는 바닷소리를 들으며 몸을 단련하며 살아왔다. 비바람이 불어올지 잔잔한 물결인지를 알고 있다.

마음으로 보면 더 잘 보인다. 억새는 보면 볼수록 신비함이 곁들여 있다. 그냥 보통 풀과 다름없지 싶은데 어찌 그리 강인할 수 있는지. 바람을 타는 유연한 몸짓을 보면 강함은 부드러움이 받혀주어야 더 힘을 발한다.

어찌 억새에게만 그런 일들이 있겠는가. 어떤 우연한 인연처럼 새로운 마음에 구김 없는 눈으로 다가가 꾸밈없는 모습에 나의 삶을 돌아보는 계기가 되었다. 또한 그들의 세계에서 마음의 날개를 달고 휘저어도 보았다.

직접적인 대화는 할 수 없을지라도 뭔가 마음으로 통하고 피부로 느낄 수 있을 것만 같았다. 그러려면 우선 내가 억새 아닌 억새가 되는 것이었다. 따라서 그들의 몸짓 하나 눈빛 하나에도 끊임없이 빠져드는 것이었다.

사실 내가 억새에게 해준 것은 없다. 굳이 있다면 관심을 가져준 것이다. 하지만 나는 받은 것들이 많다. 억새를 보며 많은 즐거움을 가졌고 그의 삶을 은근슬쩍 들여다보며 미처 몰랐던 것이 느낌으로 가슴을 울렸다.

크든 작든 하루를 맞으며 미지의 기대감에 부풀어 오른다. 그래서 날마다 떠오르는 일출이지만 그렇게 설레는 것이리라. 또 저녁노을을 보면서 회상에 젖는다. 아름답게 보이는 만큼 오늘하루도 아름답게 살아온 것이다.

소망 같은 꿈을 갖는 것은 좋은 일이다. 꿈은 이루어진다고도 하였다. 그만큼 긍정적일 수 있다. 또 작은 일에도 감사할 수 있는 것은 좋은 일이다. 그만큼 모두를 배려하며 함께할 수 있다는 마음의 다짐이기도 하다.

그러려면 하루도 열심히 살아야 한다. 미련 없이 살아야 한다. 단 한 번에 될 수 있으리라 자만하면 아니 된다. 부서져도 끊임없이 밀려오는 저 물결처럼 소신껏 펼쳐나가야 한다. 꿈을 이룰 수 있는 아름다운 세상이다. 〈2012. 11. 22〉

# 향일암

금오산 정상 바위와 잇대어
아찔한 기슭에 펼쳐진
향일암
대웅전은 불탔어도
앞바다는 여전히 아름답고
일출을 지켜보는 억새
불심이 아니어도
왁자지껄 찾아든 발길
알싸한 갓김치 번지는 냄새.

— 향일암 억새

날씨가 추워지니 발길이 자연스럽게 남쪽으로 향한다. 오늘은 제 18대 대통령을 뽑는 날이다. 역대 선거일 중 가장 추운 날로 꽁꽁 얼어붙었다. 새벽같이 서둘러 투표를 하고 길을 나섰다. 11시쯤 여수에 도착하였다.

청정한 바다에 조류가 무척 거센 돌산대교를 넘거나 남해바다 곳곳에 서려있는 충무공의 발자취를 되살린 거북선대교를 넘어 돌산도로 가야한다. 돌산도에는 갓김치가 유명세를 타는 지역특산품으로서 밥맛을 돋운다.

여수는 지난여름에 2012세계엑스포박람회가 열린 곳으로 세계4대 아름다운 항구도시로 뽐낸다. 여수 돌산도는 전원에 휴양지로 역할을 톡톡히 해내는 곳이다. 3년 전에 불탔다 다시 복원된 향일암은 해맞이 명소다.

돌산도에 들어섰다. 대뜸 가로수가 늘 푸른 후박나무에 동백꽃이 피고 갓으로 밭이 시퍼렇다. 더러 배추밭도 보인다. 율미에서 산길로 접어든다. 살짝 얼었던 바닥에 물기가 찔끔거린다. 날씨는 봄날같이 확 풀어졌다.

간간이 억새가 보인다. 억새는 세워놓은 채 건조시킨 것처럼 대궁도 꽃도 누렇게 변질이 되어 부드러운 몸놀림은 볼 수 없지만 꼿꼿한 자세는 흐트러지지 않았다. 누군가 기다리다 그냥 저렇게 메말라가고 있는 모습이다.

억새는 저기에 서서 날마다 무슨 깊은 생각에 잠겼을까? 하루해를 맞으며 나름 희망을 듬뿍 담아보고 하루해를 보내면서 나름 오늘도 보람이 있었다고 여겼을까? 그런 날들이 이어져 계절이 뒤바뀌며 사라지고 있다.

능선을 타고 가며 양쪽으로 시퍼런 바다가 들어온다. 한려해상국립공원은 우리나라 최초의 해상국립공원으로 거제의 지심도에서 여수 오동도까지 300리 아름다운 뱃길을 일컬으며 한려수도(閑麗水道)란 이름을 얻었다.

다도해해상국립공원은 신안군의 홍도에서 여수 돌산도에 이르는 해안일대와 도서로 우리나라 섬의 절반에 가까운 1,700여 개의 섬이 옹기종기 모여 있다. 이곳에 돌산도는 한려수도와 맞대고 있는 접경지대인 셈이다.

정상의 바위는 가로와 세로로 줄이 그어져 거북등처럼 되었다. 반듯반듯 쌓다가 작업을 멈춘 듯 엉거주춤 놓인 것도 있다. 산봉우리는 마치 거북이가 바다로 기어들어가는 형상과도 많이 닮았다고 한다. 자연의 조화다.

또한 돌산도 향일암은 비록 지리산 화엄사의 말사이지만, 강화 석모도의 보문사, 양양 낙산사의 홍연암, 남해 금산의 보리암과 함께 우리나라 4대 관세음보살 기도처로 손꼽힐 만큼 유서 깊고 찾는 이가 많은 곳이다.

마음가짐을 중요시 하여 첫째는 믿음이고, 둘째는 참회하는 마음이고, 셋째는 주변의 모든 이웃에게 자비로운 마음이다. 해를 바라보는 것은 중생들의 마음이지 부처님이 상주하는 도량은 해를 품안으로 안고 있단다.

그래, 마음을 다잡지 못하고 흔들리거나 태만해지면 되는 일이 없다. 병마도 편치 못하고 좌불안석 불안한 마음에서 온다고 하였다. 마음을 잘 다스린다는 것보다 중요한 일도 드물 것이다. 우선 마음씨가 고와야 한다.

이제 10여 일 후면 새해다. 다시 수많은 사람들이 모여 아우성을 칠 것이다. 바위틈에 억새가 들어온다. 저기서 한 발짝도 자리를 뜨지 않고 날마다 해가 떠오르는 모습을 지켜보고 달이 뜨는 모습을 지켜보았을 터다.

앞자락서 수시로 불어오는 바람을 맞고 갯내음을 맡았을 터다. 수없이 오르내리는 인기척에 쑤군거리는 소리를 듣고도 그냥 흘려보냈을 것이다. 어선들이 떠났다 만선으로 신바람이 나게 돌아오는 모습을 보았을 터다.

시퍼런 바다가 허연 이빨을 드러내듯 으르렁으르렁거리며 파도가 솟구치는 모습에 몸을 움찔거렸을 것이다. 잔잔한 물결에 저 멀리 하늘과 이어지는 수평선을 보고 해무로 뒤덮은 또 다른 세상에 감탄을 쏟아냈으리라.

일출을 보려면 동해로 가야할 것 같은데 이곳은 서남쪽에 가깝다. 그래도 명소로 사람들이 몰려든다. 큰 틀에서 보면 남쪽이고 서쪽이고 문제되지 않는다. 편의상 구분되었을 뿐 아름다운 곳에서 조망할 수 있으면 된다.

날마다 변함없이 떠오르는 태양이건만 우리는 기껏 일 년에 한 번쯤 그것도 해돋이의 명소에서 신년에 일출을 보겠다고 아우성이다. 그만큼 새해 새아침으로 새로운 출발점이라는데 무게의 가중치가 주어지는 셈이다.

절벽 아래 동백나무숲 향일암에서 눈치껏 바위를 헤집듯 좁은 틈새에 머리를 숙여가며 엄숙한 마음으로 上관음전에 오른다. 그 앞에 원효대사좌선대가 놓여있고 동쪽을 향해 바다를 바라보면 괜스레 눈물겹게 아름답다. 〈2012. 12. 19〉

# 마무리

# 「억새의 노래」를 마감하며

지난날 서운한 일이 많았을지 몰라도
시리도록 파란 하늘처럼
정말 아름다웠다고 말 하리라.
그대여, 차창에 풍경처럼 스쳐갔어도
각인된 앙금처럼 남아서
때로는 보고 싶었다 말 하리라.
억새꽃이 다시 피거들랑
맑은 눈동자 그리운 이 반기듯
못다 한 이야기 풀어놓고 미소지리라.

— 억새꽃 피거들랑

지난 가을 나의 화두는 억새였다. 억새밭을 두루두루 다녀보았다. 그리고 보다 많은 것을 직접 보고 느끼고 생각하는 시간을 가져보았다. 그들만의 세계에도 배울 것은 있었다. 억새에게서 새로움을 보고 나를 찾았다.

보는 방향에 따라 억새도 달랐다. 성장지에 따라 키가 다르듯 햇살을 받는 각도와 바람에 흔들리는 모습에 따라 시각적인 모습이 사뭇 달랐다. 가는 곳이며 보는 시기며 시간대며 일기에 따라 차이가 있을 수 있었다.

이처럼 우리가 하는 일도 미리 하는 것과 지난 후에 하는 것과는 다르다. 스스로 알아서 하는 것과 남이 시켜서 마지못해 하는 것과는 단순히 결과만 놓고 보면 같을지는 몰라도 그 과정을 들여다본다면 사뭇 다르다.

빗방울 하나로는 정말 미약하기 짝이 없다. 그러나 이들이 뭉칠 때는 엄청난 위력을 발휘하며 냇물이 되고 강물이 되고 바다가 될 수 있는 것이다. 억새도 하나로는 정말 볼품이 없다. 그러나 집단 자생하면 달라진다.

바람과 함께 한 판 춤이 되기도 하고 햇볕과 함께 은빛 물결이 되기도 하고 사각거리는 소리와 함께 산상의 음악회에 으악새가 되기도 한다. 그 모습들이 너무 아름답고 황홀하여 사람들이 몰려들면서 감탄을 토한다.

혼자는 할 수 없는 일들을 함께 모여 군락을 이루면서 자연스럽게 서로 몸을 비비고 살아가는 모습의 몸동작 하나에서 그리고 눈빛 하나에서 또한 움직임의 소리 하나까지 일사불란함은 신비로운 감명을 주고 있다.

넘어지면 다시 일어서는 법을 배우고 꿋꿋하게 견디는 법을 배우고 바람과 햇볕을 이용하는 법을 배우고 자신을 자꾸 낮추고 비워야 살아남을 수 있음을 배우고 은근과 끈기를 배우며 때가 되면 떠나야 함을 알았다.

하지만 자신을 굳이 드러내어 뽐내려하지 않고 자신을 드러나게 꾸미지 않고 순수하여도 때가 되면 아름다울 수 있음을 안다. 혼자서는 될 수 없어도 공동체로 함께 살아남아 존재 가치를 인정받을 수 있음을 안다.

하나의 보잘것없는 개체지만 하나하나가 최선을 다하여 억세게 살아갈 때 모두가 살아남으며 또한 모두가 살아남을 때 자신도 존재함을 안다. 서로 무모한 경쟁이나 시기하여 다투지 않고 제 몫을 다하여야 한다.

2012년 1월 7일은 영원히 잊을 수 없는 날이 되었다. 교차로에서 그야말로 눈 깜짝할 사이에 과속차량에 들이받히며 넋을 놓았다. 내가 탄 승용차가 직진에서 직각으로 밀려나가며 3명이 죽고 4명이 중경상을 당했다.

나는 정신을 잃고 사경을 헤매다 4시간여 만에 응급실서 가까스로 깨어나 사고가 난 것을 알았다. 코가 내려앉아 수술하는데 일주간 콧구멍을 완전 봉쇄하고 입으로 숨을 쉬어야 했으며 갈비뼈가 무려 4개나 부러졌다.

정말 질긴 목숨 구사일생이었다. 겨우 수습은 하였지만 말 그대로 상처뿐인 영광일 수밖에 없었다. 벌써 1년이 흘러갔다. 지금껏 옆구리 갈비뼈와 왼쪽 손가락 등 물리치료를 받고 있다. 돌아가신 분들의 명복을 빈다.

혹독한 더위와 열대야에 시달리던 여름을 나고 가을에 접어들며 갑자기 억새가 눈에 들어왔다. 불현듯 억새 같이 일어서야 한다는 마음이 들었나 보다. 억새는 보기보다 열악한 환경에서 묵묵히 자라면서도 태연하다.

억새는 걸쭉한 토양보다 오히려 척박한 땅에서 자란다. 그늘보다는 양지쪽에서 자란다. 아늑한 곳보다는 바람이 휘몰아치는 곳에서 자란다. 다른 식물보다 수분이 비교적 적은 산자락의 능선, 냇둑, 밭둑 등에서 자란다.

한여름에는 땡볕을 종일토록 받고 세찬 바람도 피하지 않으며 온몸으로 고스란히 받으며 살아간다. 그렇게 반복되는 담금질로 단련하여야 강하게 거듭나는 것일 게다. 그래야 억새만의 본성을 유지해낼 수 있는 게다.

그렇게 처절한 삶을 살아가니 다른 식물들이 쉽사리 거들떠볼 수도 없는 것이다. 억새밭에서는 다른 식물이 견뎌내기 어려워 도태되고 억새는 억새끼리 자연스럽게 군락을 이루며 그들만의 세상을 열어갈 수 있는 거다.

그동안 마흔 번에 걸쳐서 억새나들이를 하였다. 널리 알려지지 않은 곳이면 어떠랴. 제주도 한라산에 마라도까지 다녀왔다. 언제 이렇게 억새에 대해 관심을 가져보았던가. 한 번쯤 뭔가에 푹 빠져보는 것도 괜찮지 싶다.

억새가 눈인사로 다가와 친밀감이 묻어났다. 은연중 뭔가 하소연에 마음의 대화가 되었다. 나름 행복한 순간들로 이쯤 「억새의 노래」를 내려놓고 가슴을 여민다. 하지만 억새물결의 파장은 오래도록 남아있을 것이다. 〈2013년 봄, 꽃비가 내리고 꽃눈이 휘날리던 날〉

# 지성과 상상이 보여주는 사유의 세계

— 「억새의 노래」를 중심으로

文 熙 鳳

(수필가. 대전문인협회장)

Ⅰ.

수필은 자기를 쓰는 글이다. 만일 자기를 왜곡되게 쓴다면 그것은 이미 수필이 아니다. 수필의 생명은 진실과 솔직함이다. 수필은 어렵게 써서 쉽게 읽히는 글이다. 재미를 위하여 만들어낸 이야기가 아니라 진솔한 자기만의 이야기이되 읽는 이의 공감을 불러일으켜야 하고, 그 이야기 속 주인공이 읽는 자기가 되어줄 수 있는 감동의 글이어야 한다. 수필은 눈으로 읽는 글이 아니라 가슴으로 읽는 글이다. 가슴에서 가슴으로 교감하고 그 교감을 통하여 '나'가 '너'가 되고, '너'가 '나'가 되는 문학이다.

박 수필가의 작품 편편은 여정, 견문, 감상이라는 기행문의 3대 요소 중 감상 측면에 초점을 맞춰 본인의 사상을 집중적으로 다뤄 기행수필로서 성공하고 있다.

2012년 1월 7일이었다. 교차로에서 과속차량에 들이받히는 교통

사고가 났다. 그 사고로 가족과 상대방 운전기사 등 세 명이 죽고 네 명이 중상을 입었다. 중상자 네 명 중 한 명이 바로 박 수필가다. 다시금 생각하기조차 싫은 교통사고를 당한 후 일 년이란 세월이 흘렀다. 유명을 달리한 분들에 대한 미안함이 박 수필가의 뇌리에서 떠나지 않는다.

혹독한 더위와 열대야에 시달리던 여름을 보내고 가을에 접어드는 계절에 갑자기 억새가 눈에 들어왔다. 불현듯 자신도 억새 같은 삶을 살아야 한다는 마음이 들었다. 억새는 보기보다 열악한 환경에서 묵묵히 자라면서도 생활력이 강하다. 억새의 삶을 이어받아야 하겠다는 생각을 하게 된 것이다. 그리하여 주제가 있는 일관된 기행수필을 쓰게 된 것이다.

박 수필가의 제7수필집 「억새의 노래」는 다른 장르에 비해 문학적 가치 및 서술이 허술하다고 터무니없는 공격을 받고 있는 수필에 힘을 실어주고 있다. 어법과 동떨어지지 않으며 감동이 수반되는 미문(美文)은 미사여구의 비판적 이미지가 끼어들 여지가 없다. 직설적 표현보다는 비유나 은유 그리고 상징 기법을 활용하여 수필의 격을 높이고 있다. 좋은 작품이란 모름지기 독자가 읽을 때에 재미가 있어야 하고, 쉽게 읽혀져야 한다고 믿는다.

산행을 하고 나서 쓴 기행수필인데 다른 기행수필과는 특이하게 가슴 가득 감동이 몰려온다. 바로 예술성 곧 문학성이 가미되어 있기 때문이다. 단순한 여정의 기록이 아니라 주제와 소재 그리고 이것들이 서로 조화의 얼개를 가지면서 가슴으로 파고드는 예술적 감흥 ·

동감 · 공감력으로 전달되어 오기에 문학성(감동)이 느껴지는 것이다. 기행수필은 오감을 동원하여 쓰는 글이라는 것을 박 수필가는 몸소 보여주고 있다.

기행수필은 문학수필이다. 단순한 여행의 기록을 넘어 선다. 문학은 창작이다. 얼마만큼의 창작력으로 보고 듣고 느낀 것을 담아냈느냐는 작가의 역량에 달린 것이다. 박 수필가의 수필은 산행을 하고 나서 그 지방의 명승고적, 특색, 인정, 풍속, 산업 등에 대하여 보고 들은 사실과 겪은 일이나 느낌을 곁들여서 적되 생활언어가 아닌 문학적 언어를 사용하여 쓰여진 수필이기에 세간의 관심을 받는 것이다.

모든 문학이 다 그렇지만 기행수필은 특히 독자를 의식해야 한다. 자기도취로 나만의 독백이 되면 안 된다. 읽을 맛은 최소한의 지식제공에서 시작하여 독자에 대한 큰 서비스로 가슴 뭉클한 감동으로 이어져야 성공한다.

II.

한 편의 기행수필 속에 시 한 편씩을 동행시켰다. 그 시는 기행수필을 1/100로 축약시켜 놓은 것이나 다름 아니다. 시 한 편을 읽어보면 수필 한 편의 내용을 미리 읽어보는 결과가 된다. 축약된 시와 수필의 너그러운 궁합이다. 모든 시들은 그의 명석하고 철학을 가미한 두뇌에서 밤새 고아낸 진국들로 이루어진 것들이어서 더욱 이채롭다. 시와 수필의 조화로운 조합에서 우리는 새로운 문학적 시도를 경험하게 된다. 자연과 인공이 어우러지는 그 절묘함, 그걸 체득하기 위해 산에 오르는데 투구를 쓴 억새들이 자신을 사로잡는다. 그렇게 하여 수필과 시가 자연스럽게 만나고 있다. 40편의 시 중에서 몇 편만 소개한다. 수필 한 편 한 편을 축약해 놓은 것이라는 사실을 독자들은 발견하게 될 것이다.

척박한 산상에 모여 사는 것도 죄더냐
우리는 눈을 속이는 사교집단도
은둔한 범죄 집단도 아니다
약물 없이도 일사불란한 군무에
몸 부비며 으악으악 노래하고
스스로 삶을 즐길 뿐인
어떤 명분으로도 고문하지 마라
비록 관절이 부러질망정
까닭 없이 허리 굽혀 애걸하지 않는다.

—「천관산 억새」

화왕산은 본래 불의 뫼로 화산이 폭발한 산
달집 태우다 불장난으로 번진 불
수많은 인명사상 참사에
질긴 목숨 살아남은 억새는 더 번성하여
살풀이 춤이라도 추는가
애잔하면서 화려한 은빛물결
허준의 삼적사 너와집, 굴피집, 움막집도
널너리기와집 부럽잖은 보금자리
한센병 환자 의인과 억새꽃 웃음 짓고 있네.

—「화왕산 억새」

여름이면 무성한 풀밭
초록빛에서
가을이면 은빛 춤사위
은빛이다가
겨울이면 농익은 대궁
금빛이지만
눈치껏 살아남기 위한
발버둥이니
멋쟁이가 아닌 못난이.

—「억새의 노래」

하늘은 푸른 물결
햇빛 뚝뚝
세상을 밝히고.
들녘은 황금 물결
땀물 뚝뚝
농심을 채우고.
산상은 억새 물결
은빛 뚝뚝
산야를 뒤덮고.

—「억새꽃 가을」

병풍폭포가 무지개를 만들며 분위기 띄운다.
인공이냐 자연이냐 따지지 마라
단풍은 피를 토하며
황토 모랫길 따라 맨발로 걷는 강천사
구름다리 아찔해도
현수교서 뜬금없이 스치는 것들

강천호수 깊어졌다

아홉 장군은 어딜 가고 이름만 남았나

금성산성에는 아직도 투구를 쓴 억새의 물결.

—「강천산 억새」

Ⅲ.

박 수필가가 풀어내는 기행수필에는 맛과 멋이 듬뿍 들어 있다. 맛은 읽어서 느껴지는 미적 감각 곧 감흥이다. 눈으로 본 것처럼 감동으로 펼쳐지면서 시간을 초월하는 생각해 내기, 그리고 표현력, 문장력이 읽는 이를 현장으로 옮겨 놓는다.

수필집「억새의 노래」는 백두대간을 종주하고 외국문물과도 교우한 경력의 수필가가 엮어낸 것으로 여러 특징들을 내포하고 있다. 서정의 나열이 개성적이다. 한 주제(억새)만을 대상으로 고집스럽게 쓴 기행수필이어서 더 큰 가치가 있다.

전국의 산과 들에 분포되어 자라고 있는 억새를 자세하게 소개하고 있다. 보통의 산행기가 아니다. 박 수필가의 수필에는 철학이 있고, 사상이 있고, 내용이 있고, 서정이 있고, 인정이 있다. 보통의 기행문은 육하원칙에 의거하되 길게 늘어놓는 것이 특징이다. 요즘 누가 그 긴 글을 읽으려 하겠는가? 사진으로 보면, 다큐멘터리 필름으로 보면 그보다 더 좋은 것이 없을 터이다.

한 편 한 편에서 서정의 국밥에 토종 한우육이 듬뿍 들어 있는 아주 특이한 음식을 우리는 맛볼 수 있는 것이다. 길지 않게 적당한 길이의 표현으로 독자들의 관심을 끌어들인다. 한 사물에 대한 일관성을 지닌 기행문을 쓰기란 그리 쉽지 않다. 한두 장 쓰면 밑천이 떨어져서 포기할 법도 한데 가을부터 겨울까지 마흔 군데를 돌아다니며 억새에 관하여 일관되게 쓴 수필인데 하나도 같은 내용의 반복이 없다. 전국을 두루 섭렵하며 억새를 관찰한다. 40편 기행수필에 나열된 억새 이야기가 같은 내용이 하나도 없다는 것은 신비에 가깝다. 모두가 다르다. 달라도 많이 다르다. 많이도 연구하고 관찰한 결과일 터이다.

기행수필을 풍경묘사나 역사탐방 해설처럼 써버리면 글의 맛도 멋도 잃게 된다. 무엇보다 남이 보지 못한 것도 보고, 남이 듣지 못한 것도 듣는, 눈과 귀를 갖고 그걸 가슴에서 키우거나 여과해 내는 문학적 역량으로 잔잔한 감동을 일으키는 글을 쓸 때 좋은 기행수필이 되는 것인데 그런 일을 박 수필가가 해내고 있는 것이다.

도란도란 정겹게 얘기하듯 문장을 풀어간다. 박 수필가가 사물을 보는 눈은 관조의 눈이다. 사색의 눈이다. 그것은 곧 마음 - 내면으로 흘러든다. 작가의 마음이 읽는 이에게 그대로 동화되고 그게 공감의 폭을 넓힐 수 있게 해줄 것으로 믿어 의심치 않는다.

'억새'는 농부들의 허연 머릿결을 닮았다. 민초들의 강인한 삶을 대변하는 듯 지독한 생명력으로 논두렁 밭두렁과 그리고 산기슭에서 살아간다. 어부들이 갈대숲의 물길 사이로 배를 띄운다면 농부들은 억새밭의 언덕 너머로 소를 몬다. 억척스런 억새들의 생활 모습에서 박 수필가는 인생을 배우고 있다. 칠순이 다가오는 나이에도 배울 것이 많이 있는 모양이다. 그가 쏟아내는 억새 찬양은 그래서 독자들의 공감을 불러일으키는지도 모른다.

저 수많은 억새들 하나하나가 개체로서 어딘가 다른 모습을 담고 있을 텐데 똑같은 하나로 보인다. 그냥 그렇게 닮아가며 살아가는 것일 게다. 그래 너도 억새고 또 너도 억새이듯이 너도 스님이고 너도 부처님이다.

> 억새의 대궁은 겨울을 지나고 봄이면 희뿌옇게 변질되고 삭아 비스듬하게 기울어져 같은 그루터기에서 새순이 올라오면 길을 터준다. 결국 묵은 대궁은 썩으면서 밑거름이 되고 자연스럽게 세대교체가 되는 것이다.
>
> — 억새가 있는 풍경「천성산」에서

> 모두가 기피하는 한센병 환자들이다. 그네들끼리 억새처럼 모여서 살았다. 억새는 결코 외롭지 않다. 서로 몸을 부비며 서로 노래하며 살았다. 원망도 시기도 부러움도 다 버리고 오로지 자신들만의 길을 살았던 곳이다. 누군가에게 보여주기 위해서 치장할 필요도 없이 억새처럼 살았다. 나름대로 마음을 펴고 살았다. 강한 집념으로 내공을 쌓듯 수없이 자신을 채찍질하였으리라. 그렇게 남모를 세월 보내며 수많은 눈물을 삼켰을 것이다.
>
> — 억새가 있는 풍경「화왕산」에서

> 우리는 이따금 억새가 된다. 정말 살아가기 힘들다면서 세상 온갖 고난을 다 짊어진 듯 헐떡거리며 힘들게 끝도 보이지 않는 기나긴 언덕을 오르고 오른다. 꾹꾹 참고 견디며 가다보면 어느 순간 목표지점에 도달한다. 잔잔한 날에 꽃 피고 감미로운 새소리도 덤으로 묻어온다. 억새가 억새와 어울려 한판 춤을 춘다.
>
> — 억새가 있는 풍경「아우내」에서

꼿꼿한 억새에게 유연한 춤사위는 강함 속에 부드러움을 보여주는 극치다. 흔들림에서 바람의 방향을 눈치 채는 억새를 보노라면 계절을 느끼며 특히 가을을 만끽한다. 참을성과 기다림은 가히 일품이라고 할 만하다.

— 억새가 있는 풍경 「승학산」 에서

'만성(晩成)의 힘'이라 할까. 오색 꽃들이 한 시절을 풍미하고 모두 흩어지는 날 은빛 머릿결을 휘날리며 등장하는 '로멘스그레이'의 바람기랄까 찬바람을 몰아오는 그 형형한 자태는 풋풋한 무채색의 미소로 담박하다. "큰 종이나 큰 솥은 그리 쉽사리 만들어지는 것이 아니다." 했던가. 드러나는 것인지 우러나는 것인지, 침묵인지 달관인지, 바람잡인지 눈보란지, 허심인지 허공인지 모르는 억새에겐 그런 은은하고 슴슴한 매력이 있다.

억새는 꽃말도 억세어 '세력'이고 '활력'이다. 그러나 또 부드럽게 웃어주고 달콤하게 속삭이며, 곱게 손 사래질하는 이미지로 보면 '친절'과도 썩 잘 어울린다. 성품은 달고 평하며, 줄기(芒莖)엔 어혈을 없애고 지혈하며 해열하고 해독하는 효능이 있다. 뿌리(芒根)로는 해수와 백대하, 이뇨작용과 입병 등을 치료한다. 전년도의 뿌리를 깨끗이 씻어 절단한 후 볕에 말려 사용한다.

어찌 보면 바람과 억새는 불가분의 관계인지도 모른다. 봄부터 바람이 억새를 키우면서도 끝내는 억새를 괴롭히는 것이 바람이기도 하지만 또 바람 속에서 억새는 군무를 추면서 신바람이 나고 황홀경에 빠져든다.

— 억새가 있는 풍경 「사자평」 에서

억새도 그늘에 있으면 별 볼 일 없다. 그 강인한 모습은 보이지 않고 대궁도 꽃도 부실하여 실망스럽다. 걸쭉한 땅에서 몸만 키우기보다는 가뭄과 햇살과 바람과 빗물과 바람에 연신 시달리듯 담금질하여야 강해진다. 사서 고생이란 말처럼 한 무더기 억새들이 온갖 시달림을 이겨낸 당당함처럼 그렇게 부딪치며 홀로서기 하여야 짱짱해진다.

— 억새가 있는 풍경 「계족산」 에서

유등천 버드내다리에서 뿌리공원으로 가고 있다. 하상산책로를 따라가노라면 냇둑이 하얗게 물결을 이룬다. 억새가 만발하여 축제를 열고 있다. 그들만의 축제가 아니라 지나는 길손의 마음까지도 어질어질 흔든다. 굳이 누가 심지 않고 씨를 뿌리지 않아도 어디서 굴러왔는지 억새가 자릴 잡고 꿋꿋이 자라고 있다. 심지어 갈대밭을 비집고 들어가 밀쳐내고 의연한 모습을 보이는 것을 보면 갈대보다 더 강한 녀석임이 분명하다.

— 억새가 있는 풍경 「버드내」 에서

억새들의 넉넉한 마음을 배울 일이다. 사람의 욕심은 끝을 몰라 계속 채우려고만 한다. 욕심은 만병의 근원이란 걸 알려준다. '화를 내지 마라. 될수록 말을 많이 하지 마라'고 늘 가르쳐 준다. 억새는 바람과 맞서기보다는 바람을 먹고 살아가면서 바람과 함께 삶을 구상하는 것일 게다. 바람의 비위를 맞추며 같은 방향으로 눕는 시늉도 하고 함께 즐기기도 하며 자신의 몸뚱이를 은연 중 튼튼하게 만들어 간다.

그토록 뼈저리게 겪은 굴곡은 접어두고 완성되어 겉으로 드러난 모습만 보고 억새에게 박수를 보내고 있는 것은 아닌지. 과정이 무슨 대수냐고 그냥 지금 저 모습이 감동시킬 뿐이라고 하겠지만 쉽게 살아온 삶은 없다.

— 억새가 있는 풍경「매화산」에서

억새는 그냥 살아남아야 한다는 본능으로 발버둥을 쳤을 것이다. 태어난 환경을 탓할 수도 탓할 일도 아니다. 그냥 살아갈 수 있다는 희망만 있어도 숱한 바람이나 장마쯤 거뜬히 딛고 일어서 저리 태연한 것이다. 억새는 바람 불면 바람과 함께 움직여야 한다. 바람보다 앞서서 숙이는 시늉을 해야 바람이 쉽게 타고 넘는다. 바람이 지나가면 좀은 떨떠름해도 아무렇지 않은 척 꼿꼿이 일어서야 한다. 이제 엄살 아닌 습관이다.

— 억새가 있는 풍경「월출산」에서

정서의 바탕은 글을 쓰는 출발이다. 감정의 서정적 표현이 본 수필집의 최고의 지향이다. 읽고 나면 무언가 모를 아련한 뒷맛을 남기게 하는 것, 그것이 수필작품의 밑바탕이다. 서정수필은 수필의 정수다. 명수필로 꼽히는 수필들이 거의 서정수필이다. 수필은 그만큼 서정을 중시하고 따라서 가슴에 닿게 하는 글이다. 아름다운 삶은 진정으로 아름다움을 사랑하는 사람들의 애틋한 마음에서 비롯된다. 현란한 것이 아름다운 것이 아닌 만큼 이를 착각하는 우매함은 범하지 말아야 한다. 아름다움의 지표는 많은 변화를 거듭해 왔다. 그리스 시대에는 실용적인 것이 최고의 선이며 아름다움으로 인정을 받아왔고, 서구의 중세에는 성스러움이 아름다움으로 인식됐다.

보잘것없는 초목으로 시선에서 벗어났다가도 한 번쯤은 눈에 들어올 때가 있다. 언 땅이 풀린 봄날 신록이 그렇고, 활짝 피어난 꽃이 그렇고 가을날 단풍이 그렇듯 혼신에 온몸으로 자신을 드러내는 억새 또한 그렇다. 헤아릴 수 없이 많은 저들이 하나가 되는 모습은 그냥 감동일 수밖에 없다. 은빛 출렁거림은 함성이다.

— 억새가 있는 풍경 「신불산」에서

고집스럽고 억세게만 보이던 억새의 흔들림에서 부드러움을 본다. 잔인하도록 짓누르며 일어서던 억새에게서 스스로 낮춤을 본다. 손을 흔들고 몸을 흔들어 봉사하며 함께 어울리려는 듯싶은 분위기에서 향수를 느낀다.

— 억새가 있는 풍경 「제주도」에서

억새들이 자라고 있는 풍경은 말 그대로 하나의 풍경화다. 바람과 억새의 조화, 억새와 억새가 만나 아름다운 그림을 그려내는 것은 작가가 해야 할 일이다. 그런 일을 박 수필가는 능수능란하게 해내고 있다.

산길을 오르는 작은 방죽 둑에 억새가 많이 피었다. 아침햇살에 눈부시게 은빛으로 출렁거리고 있다. 한동안 바라보는 마음도 함께 반짝이고 있다. 그 밑에서 낚시하는 사람들의 모습이 정말 세월을 낚고 있고나 싶어진다. 억새의 강인한 의지가 있고 강한 듯 부드러운 자연의 몸짓이 배어있고 가을을 담고서 길손을 맞이한다.

— 억새가 있는 풍경 「계족산」에서

산문에 드니 바람을 타고 비가 내린다. 아니다 단풍잎 휘날리는 단풍비다. 새가 훨훨 날아오른다. 아니다 단풍잎 쏟아지는 단풍잎새다. 자갈길 돌바닥에 곱디고운 카펫을 깔았다. 아니다 울긋불긋 단풍잎카펫이다. 계곡이 너무 좋아 푸름이 너무 좋아 바위가 너무 좋아 폭포가 너무 좋아 단풍이 너무 좋아 산세가 너무 좋아서 볼거리가 많다고 수없이 사람들이 주왕 호칭을 부르며 멀리서 가까이서 봄 여름 가을 겨울 내내 찾아든다.

— 억새가 있는 풍경 「주왕산」 에서

이 좋은 가을날 억새라도 있으니 아니 좋은가. 억새 한 번 바라보고 하늘 한 번 쳐다본다. 여유와 낭만이 그려진다. 억새가 붓을 들어 하늘에 뭔가 그리고 쓸 것만 같다. 가을의 노래도 좋고 가을의 풍경도 괜찮다. 마음속 새빨간 청송사과와 샛노란 들국화와 하이얀 억새를 주변이나 둑에 배치하고 가을을 물씬 풍겨본다. 훌륭한 모델로 어우러져 주산지 새벽안개가 형상화하는 작품은 이국적이고 환상적일 수밖에 없다.

— 억새가 있는 풍경 「주산지」 에서

장불재를 중심으로 억새가 뒤덮었다. 무등산 옛길을 타고 내려와 중봉으로 간다. 10여 년 전만해도 군사시설물이 있었던 곳인데 모두 옮기고 복원하여 놓고 보니 여기에도 억새만 가득 들어찼다. 억새천국이 되었다. 무등산에 또 하나의 억새단지가 되었다.

— 억새가 있는 풍경 「무등산」 에서

언제 어디서 어떤 작품을 접해도 그 표현이 서정의 극치라는 결론에 이른다. 산이 주는 교훈은 바로 억새가 주는 교훈이다. 박 수필가는 억새와의 대화에도 소홀하지 않는다. 억새와 박 수필가는 마음에서 마음으로 통하는 이심전심의 교량을 같이 설계하고 공사한 둘이다.

오봉이다. 다섯 암봉이 치솟아 키 순서로 늘어섰다. 의좋은 다섯 형제다. 봉우리마다 큼직한 바위가 올려져있다. 고만고만한 형제간에 다투지 말고 자중하라는 것이다. 맏이가 아우르는 따뜻한 사랑의 손길과도 같다. 마음을 열고 크게 보면 오봉은 밑뿌리 하나에 다섯 가지가 뻗어 피어난 돌꽃(石花)이다. 너무 단조로울까봐 틈새에 분재처럼 소나무를 꽂아놓았다. 도봉산은 발 닿는 곳마다 석제품전시장 같은 돌잔치 한마당이다

— 억새가 있는 풍경 「도봉산」에서

남쪽으로 밀려간 가을이 풍덩풍덩 바다에 빠져 물장구라도 치고 있는지 보고 싶다. 한 구석 은근슬쩍 웅크리고 있는 섬이 그립기도 하다. 봄은 일찌감치 남쪽바다를 타고 넘어와 반도의 육지로 상륙했는데 이제는 북쪽에서부터 거꾸로 좀은 늦다싶게 남쪽바다로 밀려온 가을이 더러는 바다를 건너지 못하고 그대로 익사하는지 어딘가 애수에 젖어있다.

— 억새가 있는 풍경 「사량도」에서

'억새'는 인간뿐 아니라 우리 자연의 혈관인 실개천을 맑게 해주고, 탁한 대기와 쿨럭이는 강을 되살리며, 누군가가 산을 허물고 들을 갈라놓은 곳곳의 상처를 고슬고슬 아물게 하는 산하의 치료약이기도 하다. 어떤 척박한 토양과 환경 속에서도 그 끈질긴 생명력을 유지하며 소박함속에서도 화려한 아름다운 기품을 잃지 않는 억새의 성품은 바로 제 주인의 속마음을 그대로 닮았다는 생각이 든다. 의지가 강한, 개성적인 철학을 향유한 도인이다. 넉넉한 마음을 배울 일이다. 사람의 욕심은 끝을 몰라 계속 채우려고만 한다.

산은 또 하나의 하늘이라 할 만큼 신성함과 많은 신비를 간직하고

있다. 그는 언제나 침묵으로 일관하지만 침묵 속에서도 많은 메타포를 간직한 채 우리들에게 메시지를 전달하고 있다. 문학은 사실을 있는 그대로 말하는 것으로 사명을 다하는 것이 아니라, 진실이 어떠한 것인가를 부드러운 표현으로 보여줌으로써 인간이 그리고 이들이 펼치는 삶이 얼마나 아름다운 것인가를 구현해나가는 작업이다.

비우고 비워도 욕심은 끝을 몰라 보채듯 앞뒤 가리지 않고 자꾸 채우려고만 하였다.

— 억새가 있는 풍경 「천관산」 에서

바람소리 억새소리 파도소리는 저리 생생하게 들려오고 듣고 있는데 막상 나의 소리는 없다. 아무것도 보이지 않고 아무것도 들리지 않는다. 모처럼 다시 찾아와서 고작 빗줄기에 모든 것을 쫓기고 있는 것일까. 아직껏 소리조차 만들지 못한 것이다.

— 억새가 있는 풍경 「마라도」 에서

그러고 보면 억새가 때로는 슬프게 우는 것이 아니라 즐거움 넘치는 억새의 노래였다. 몸과 몸이 부딪쳐 서로 비비며 흘러나오는 억새만의 독특한 소리였다. 깊어 가는 가을 억새를 연주하는 자연의 소리였다. 비와 바람 속에 돌아가는 배는 치솟는 파도로 발버둥을 쳤다.

— 억새가 있는 풍경 「마라도」 에서

길동무가 되어주는 억새들이다. 억새들에게 인격을 부여한다. 억새와의 인연들을 아주 소중하게 유지하려 애쓴다. 억새들은 서로 기대며 살아간다. 승학산의 억새는 참을성과 기다림의 대명사다. 세상을 아주 억세게 만드는 힘이 있다. 억새를 억새답게 하는 것은 바람과 햇살이라고 힘주어 말하고 있다.

> 억새가 지나는 바람을 등에 업고 으악으악 울면 바다는 바람을 안고 출렁거리면서 해조음을 쏟아내는지도 모른다. 낙동강에서 올라온 바람과 바다에서 올라온 바람은 연신 담금질을 하며 억새를 아주 억세게 만든다.
>
> — 억새가 있는 풍경「승학산」에서

> 억새는 가을의 한 구석에서 자신이 가을임을 알듯 스스로 즐기고 있었던 거다. 때로는 손을 흔들기도 하고 꼿꼿이 벌을 서듯 햇살을 받아가며 때로는 이웃과 수화하며 외로움을 이겨내는 법을 터득하고 있었던 것이다.
>
> — 억새가 있는 풍경「명성산」에서

가을에는 개성에 따라서 화려함을 좋아한다면 단풍이 먼저 떠오르고, 조용하니 생각에 잠기려면 억새가 스쳐가기도 한다. 몰아치는 바람에 씰룩거리며 무너질 듯 꼬장꼬장 일어서는 억새의 강인한 모습은 민초의 모습이기도 하다.

> 바람 못지않게 햇살의 힘이 아주 크다. 억새밭의 햇살과 단풍에 쏟아지는 햇살은 분위기를 한층 고조시키기 때문이다.
>
> — 억새가 있는 풍경「사자평」에서

> 억새는 여러 해를 산다고 나무가 될 수 없고, 매 년 새순이 나와

대궁을 만들어도 나이테는 만들 수 없다. 억새는 풀일 뿐이다. 나무를 흉내 내거나 부러워할 필요 없다. 풀로서 개성과 특성에 맞게 살아야 한다.

— 억새가 있는 풍경 「주왕산」 에서

각 수필의 결미부분에서는 그의 철학이 재포장되어 독자들의 가슴으로 파고든다. 좋지 않은 환경인 산에 살고 있는 억새들의 삶이 한센병 환자들의 삶을 대변한다. 악산에 뿌리내리는 것도 마다 않는다.

억새가 되고 싶다. 억새의 노래를 부르고 억새가 바람을 흔들고 하늘을 흔들 듯 흔들어 보고 싶다. 억새처럼 은빛물결을 이루고 출렁출렁 어깨춤을 추면서 흔들흔들 그냥 몸을 내맡기고 싶다. 햇살을 받고 싶다.

— 억새가 있는 풍경 「나들이」 에서

저만큼 우쭐 자란 억새의 풋풋한 손길이다. 가끔 찾아와 느긋이 쉬어가라고 하고 있다. 아쉬운 만큼 그리워하라고 하고 있다. 허름하니 부족해도 간이역쯤으로 여겨보라고 하고 있다.

— 억새가 있는 풍경 「간이역」 에서

아부하듯 끌려 다닐 수 없어 당당하고도 단호할 만큼 옹고집을 지녔지 싶기도 하다. 비록 일 년을 사는 줄기지만 줏대를 세울 줄 안다. 꿋꿋하게 살아남아서 스스로 지조를 지킬 수 있다는 본보기를 보여주고 있는 것이다.

— 억새가 있는 풍경 「금정산」 에서

자신이 억새에 비유되기도 한다. 억새의 소리를 슬프다고만 느끼는 게 아니다. 그건 즐거움을 위한 억새의 노래라고 힘주어 말한다. 긍정적인 삶을 사는 억새의 삶속에 자신의 삶을 투영하는 기지를 발휘한다. 달관한 억새의 모습과 자신이 만나는 영광을 누린다.

억새도 그런 면에서는 다름이 없다. 좀은 거칠고 억세게 산야에서 자라는 하나의 잡풀에 불과하였지만 가을이 되면서 꺾일 줄 모르는 그 꿋꿋함에 존재가치를 다시 눈여겨보게 된다. 미처 몰랐던 면면이 드러나게 된다.

— 억새가 있는 풍경「노인봉」에서

억새는 외로움을 승화시켜 즐길 줄 안다. 우리는 어느 날 갑자기 늙었다고 하거나 한계를 느낀다고 한다. 평소 준비가 덜된 무관심에서 기인한 것이다. 결국 자기관리가 제대로 되지 않았음이 드러난 자신의 부재이다.

— 억새가 있는 풍경「읍천항」에서

음지와 양지, 옳음과 그름, 강함과 약함, 나아갈 곳과 물러설 곳을 안다. 혼자서 짊어질 일과 함께 힘을 모아야 비로소 이루어질 수 있는 일을 구분한다. 혼자가 아닌 같이 어우러져야만 더 쉽고 즐거워 능률적임을 안다.

— 억새가 있는 풍경「시랑도」에서

IV.

수필은 수필 나름의 자기 향내를 지녀야 한다. 그렇지 않으면 잡문으로 취급당하고 만다. 문학은 그 사회를 마지막까지 떠받치는 버팀목이 되어야 한다. 무너지지 않도록 한 순간에 무너져 내리지 않도록 버티고서 사회가 제 역할을 할 수 있도록 힘이 되어야 한다. 박 수필가가 말하는 대로 자기만을 위해 일하는 개미보다 열심히 일하면서 남에게 봉사하는 꿀벌이 칭송받는 사회가 조성되기를 기대한다.

박종국 문학을 지탱하는 두 개의 기둥은 정서의 개성적 표현과 의지의 집약된 결과라고 요약할 수 있다. 거기에 또 하나의 중요한 흐름을 덧붙인다면 수필에 대한 인간적 애정이다. 박 수필가의 수필에서 주목해야 할 부분들이다.

40편의 기행수필에서 박 수필가는 기행수필의 진로가 어떤 방향으로 흘러가야 하는가를 명확하게 제시해줌으로써 나름의 개성적 체취를 느끼게 했다. 왜냐하면 문학은 자기가 만들어가는 자기의 세계이기 때문이다.

'기행수필'이라 하면 우선 먼저 고리타분한 것이라 여기는 게 요즘 현실이다. 그런데 박 수필가의 수필은 그게 아니다. 그곳의 역사와 전설, 자연풍광, 그리고 억새의 삶이 개성적으로 조명돼 있다. 평자는 박 수필가의 새로운 가능성을 보았다. 그의 명석한 두뇌에서 전개되어 나오는 제이, 제삼의 기행수필이 계속 선보일 것으로 확신한다.

인간이 사유(思惟)를 하게 된 것은, 모르긴 하지만 보행으로부터 시작된 것이 아닐까? 한곳에 멈추어 생각하면 맴돌거나 망상에 사로잡히기 쉽지만, 걸으면서 궁리를 하면 막힘이 없이 술술 풀려 깊이와 무게를 더할 수 있다. 칸트나 베토벤의 경우를 들출 것도 없이, 위대한 철인이나 예술가들이 즐겨 산책의 길에 나선 것도 따지고 보면 걷는 데서 창의력을 일깨울 수 있었기 때문일 것이다.

억새와의 인연을 지나쳐가는 인연으로 생각하지 않고, 남아 있는 생에서 끈질긴 인연으로 만들고자 쉬지 않고 '억새의 노래'를 불렀다. 그 파장은 박 수필가가 생을 마감할 때까지 지속되면서 삶을 더욱 아름답고 미끈하게 장식하는데 일조할 것으로 믿어 의심치 않는다.

## ‖ 작가 약력 ‖

- 충남 아산시 송악면 외암리 출생
- 계간 오늘의문학 隨筆등단
- 월간 문예사조 詩등단
- 세무사 시험 (제18회) 합격
- 공인중개사 시험 (제1회) 합격

〈수필집〉

- 01집 : 남산공원 맹꽁이
- 02집 : 버드내 초록마을
- 03집 : 향기가 묻어나는 풍경
- 04집 : 거미줄에 걸린 날
- 05집 : 백두대간
- 06집 : 그곳에 가보고 싶다
- 07집 : 억새의 노래

〈시집〉

- 01집 : 고장난 시간들
- 02집 : 내 마음에 그물질하는 사람아
- 03집 : 그리움 놓고 가면
- 04집 : 나는 그대 얼굴로 그대는 내 얼굴로
- 05집 : 사랑 365

- 06집 : 다시 사랑 365
- 07집 : 또다시 사랑 365
- 08집 : 백령도에 비가 내린다.上
- 09집 : 백령도에 비가 내린다.下
- 10집 : 6월, 그날의 함성
- 11집 : 땀으로 씻어낸 지리산
- 12집 : 야릇한 돼지의 미소
- 13집 : 천지에 발 담그고
- 14집 : 개미 비상 걸기
- 15집 : 그대는 산에 가면 산이 되는가
- 16집 : 박종국 16 시집
- 17집 : 버드내 풍경
- 18집 : 고기 굽는 마을
- 19집 : 섬은 섬을 말하지 않는다

〈문학관련 회원〉

- 한국문인협회 문단정화위원
- 대진문인협회 감사
- 뜨락문학회 회장
- 아산문인협회 회원
- 한국수필가협회 회원

• 대전.충남수필문학회 회원
• 문학사랑협의회 회원
• 대전문인총연합회 회원
• 대전펜문학회 회원

〈문학관련 수상〉
• 월간 문예사조 신인상(詩)
• 계간 오늘의문학 신인상(隨筆)
• 행정자치부장관상(隨筆)
• 국세청장상(詩)
• 대전광역시장상(詩)
• 인터넷문학상(詩)
• 대전문학상(詩)
• 옥로문학상(詩.隨筆)
• 예술문화공로 대전광역시장상

〈기타〉
• 대전지방국세청 학생세금문예작품 글짓기 심사위원
- 대전.충남.충북 초 · 중 · 고등학생 (2005~2012년)
• 대전 디딤돌산악회 회장(역)
- 백두대간 (지리산 천왕봉-금강산 향로봉) 종주

# 억새의 노래

박종국 제7수필집

발 행 일 | 2013년 5월 24일
지 은 이 | 박종국
발 행 인 | 李憲錫
발 행 처 | 오늘의문학사
출판등록 | 제55호(1993년 6월 23일)
주　　소 | 대전광역시 동구 삼성1동 125-6 한밭오피스텔 401호
전화번호 | (042)624-2980
팩시밀리 | (042)628-2983
홈페이지 | http://www.lito77.co.kr(홈페이지)
전자우편 | hs2980@hanmail.net

공 급 처 | 한국출판협동조합
주문전화 | (070)7119-1741~2
팩시밀리 | (031)944-8234~6

ISBN 978-89-5669-557-0
값 12,000원